Inhaltsübersicht

Dankeswort 5

Einleitung 7

1. Kursstunde 11
- Vorteile der natürlichen Gesundheitslehre und Bedeutung der Ernährungsumstellung 12
- Tagespläne 1. und 2. Tag 46
- Obst-Übersicht 49
- Gemüse-Übersicht 50
- Salat-Übersicht 50
- Rezepte 51

2. Kursstunde 57
- Wie geht es Ihnen und wie fühlen Sie sich? 57
- Natürliche Maßnahmen bei Verdauungsproblemen 62
- Empfehlenswert: Naturtherapie 64
- Tagespläne 3. und 4. Tag 71
- Rezepte 87

3. Kursstunde
- Wie ich zur natürlichen Ernährungsumstellung kam 94
- Gesundheitliche Veränderungen der Teilnehmer 96
- Tagesplanbeispiele 102
- Übersichtstabelle diverser Lebensmittel 105
- Rezepte 106

4. Kursstunde 113
- Gesundheitliche Ergebnisse 114
- Individuelle Beratung bei Schichtdienst 115

...nkung 115

...keit 116

– Übersichtstabelle diverser Lebensmittel 117
– Neue Variante eines Tagesplans 123
– Rezepte 125

5. Kursstunde 129
– Kurze Zusammenfassung 129
– Gemeinsam ist man stark – Einkaufsgemeinschaft 133
– Ihre Vorstellungskraft kann Sie vor dem Jo-Jo-Effekt bewahren 134
– Rezepte 140

6. Kursstunde 147
– Entspannung 147
– Vorstellungskraft und Wirkung Ihres Unterbewusstseins 147
– Affirmationen 153
– Affirmations-Übersicht 153

7. Kursstunde 161
– Nochmals Wichtiges zur Erinnerung 161
– Vorherige Beschwerden – gesundheitliche Verbesserungen 164
– Signale Ihres Körpers 166
– Atemübungen/weiße Lichtenergie 168

8. Kursstunde 175
– Natürliche Körperpflege 176
– Ätherische Öle 176
– Zusätzliche Vitamine 178
– Wirksamkeit einiger Lebensmittel 179
– Urintherapie 181
– Salze 184
– Vitaminliste 185

9. Kursstunde 187
- Wasser 187
- Bewegung 189
- Alkohol 190
- Erdstrahlen 191
- Wasseradern 191
- Sonne 191
- Heilsteine 191

10. Kursstunde 193
- Die wichtigsten Punkte ab der 6. Kursstunde in der Zusammenfassung 193
- Rezepte 198

- **Bücherliste** 206
- **Informationsbogen über die persönlichen Erfahrungswerte** 208
- **Informationsbogen Urintherapie** 209
- **Die meistgestellten Fragen** 211
- **Rückmeldungen** 215
- **Adressen von Menschen, die Hilfestellung geben** 221
- **Seminarangebote, div.** 221
- **Heilfastenwanderungen** 229
- **Stichwortverzeichnis** 235
- **Schlusswort** 231

Dankeswort

An alle, die immer Zeit
für mich hatten,
ein herzliches Dankeschön.

Vielen lieben Dank
und Gottes Segen
wünscht Euch und Ihnen

Christa Peters

Einleitung

Liebe Leserin, lieber Leser,

hiermit möchte ich Sie recht herzlich begrüßen. Es ist ein ganz toller positiver Schritt, dass Sie jetzt dieses Buch in der Hand halten und lesen. Es zeigt mir, dass Sie etwas für Ihre Gesundheit, Ihr Schlanksein und für Ihr Wohlbefinden tun möchten und die Verantwortung für Ihren Körper übernommen haben. Das ist schon ein sehr wichtiger Anfang und freut mich sehr.

Ich selbst, mein Name ist Christa Peters, ganzheitliche individuelle Ernährungs- und Diätberaterin, lebe seit 14 Jahren nach der natürlichen Gesundheitslehre.

Das bedeutet, Sie brauchen weder Kalorien zu zählen, noch ein Pülverchen zu nehmen, sondern ernähren sich mit natürlichen Lebensmitteln, aber gewusst wie. Denn oft machen wir selbst mit gesunden Lebensmitteln gravierende Fehler.

Meine Erfahrungswerte resultieren aus vielen Gesprächen mit Ärzten, Heilpraktikern und aus meinen Seminaren, in denen ich mit den unterschiedlichsten Ernährungs- und Gesundheitsproblemen konfrontiert wurde.

Mein Beruf macht mir sehr viel Freude, und das Wichtigste für mich ist immer wieder Ihre Gesundheit.

Die meisten von Ihnen lesen dieses Buch um Gewicht zu verlieren, doch was nützt es Ihnen, wenn Sie schlank sind, aber nicht gesund.

Ihre Gesundheit ist das höchste Gut, was Sie haben, und es ist mir sehr wichtig, dass Sie gesundheitliche Verbesserungen erleben oder ganz beschwerdefrei sind, nach dem Lesen und der praktischen Anwendung dieses Buches.

Das sind für mich immer die schönsten Erfolge.

Da viele Essstörungen auch von emotionalen Erkrankungen und Blockaden herrühren, werden hier Körper, Geist und Seele gleichermaßen angesprochen.

Ich freue mich, Ihnen in kurzer Zeit zu verbesserten Gewichts-, bzw. Gesundheitsergebnissen und zu einem positiven Selbstwertgefühl zu verhelfen, und das alles ohne Jo-Jo-Effekt.

Denn ich helfe Ihnen dabei, dass Sie wieder fühlen, was Ihnen Ihr Körper mitteilen möchte. Und wenn Sie die natürliche Gesundheitslehre zu 90 % in Ihrem Leben beherzigen, dürften Sie keinen Jo-Jo-Effekt mehr haben.

Wenn Sie nun wissen möchten, wie die von mir empfohlene Ernährungsumstellung funktioniert, sollten Sie sich 2 x pro Woche für je 1 Kursstunde Zeit nehmen.

Es sollte immer ein Tag zwischen den beiden Kurstagen liegen, z. B. Montag und Mittwoch oder Dienstag und Donnerstag, 2 Kursstunden in der Woche sind sinnvoll und ausreichend. Ich habe bewusst auf Fremdwörter verzichtet, so dass jeder ohne Vorkenntnisse langsam und verständlich die neue Ernährungsumstellung im praktischen Bereich erlernt und sich dabei Ihr körperliches Wohlbefinden von Woche zu Woche verbessern kann.

Betrachten Sie deshalb dieses Buch als Ihr Arbeitsbuch. So erzielen Sie den größtmöglichen Nutzen und werden sich bald super wohl fühlen.

Sie werden auch viele Beispiele aus meinen Seminaren finden.
Meine Seminarteilnehmer, die dieses Buch lesen, werden sich auf der einen oder anderen Seite sicherlich wieder erkennen.
Ein herzliches Dankeschön an dieser Stelle allen Teilnehmern meiner bisherigen Seminare.

Nun wünsche ich Ihnen viel Freude beim Lesen, einen superguten Anfang und den gewünschten Erfolg bei Ihrer Ernährungsumstellung!

Ab sofort ist der

wichtigste Mensch

in Ihrem Leben der,

der Sie jeden Morgen

im Spiegel anschaut.

1. Kursstunde

Liebe Leserin, lieber Leser,

ich begrüße Sie ganz herzlich zur 1. Kursstunde. Es ist schön, dass Sie jetzt beginnen. Damit ist der erste Schritt in ein schlankeres und verbessertes Lebensgefühl getan.

Ab sofort sind in den nächsten 5 Wochen 10 kg Gewichtsreduktion möglich.

Viele glauben, das ist unrealistisch. Doch glauben Sie mir, durchschnittlich nehmen meine Kursteilnehmer 2 kg in der Woche ab.

Daher ist der beste Beginn Ihrer Ernährungsumstellung jetzt, so können Sie am Schnellsten die ersten Erfolge wahrnehmen!

Jetzt ist Ihr richtiger Zeitpunkt!!!

Festlichkeiten jeglicher Art gibt es immer, daher beginnen Sie bitte ab sofort.
Ich zeige Ihnen den richtigen Weg, wie Sie mit geselligen Wochenenden und Feiern zurechtkommen.

Leiden Sie, liebe Leserin, lieber Leser, wie die meisten Menschen an Übergewicht, Essstörungen, Bulimie, Sodbrennen, Allergien, Diabetes und diversen anderen Erkrankungen?

Das muss nicht sein, diese Beschwerden können Sie zu 99 %, je nach Gesundheitszustand und wie Ihr Stoffwechsel arbeitet, auch zu 100 % mit dieser ganzheitlichen Ernährungsumstellung, wo Körper, Geist und Seele gleichermaßen angesprochen werden, in Einklang bringen.

Ich vertrete hier in diesem Buch zu 90 % die natürliche Gesundheitslehre und zu 10 % alternative Ernährung.

Daher möchte ich Ihnen vorab einige Vorteile der natürlichen Gesundheitslehre erklären.

Wenn Sie wie die meisten Menschen unter unangenehmem Sodbrennen leiden, gehört dies schon nach 2–3 Tagen zu 99 % der Vergangenheit an.
Ich weiß, Sie sind jetzt noch skeptisch, vor allem wenn Sie Jahre unter Sodbrennen gelitten haben und viele Medikamente einnehmen mussten.
Probieren Sie es aus, und Sie werden überrascht sein.

Viele Diabetiker benötigen ca. 2 Wochen nach Einhaltung der neuen Ernährungsweise keine Medikamente mehr. Selbst Diabetiker bei denen die Werte über 400 lagen, müssen, wenn überhaupt, nach meinen bisherigen Erfahrungswerten, nur noch gering Insulin spritzen, weil die Werte fast wieder im Normalbereich sind.

Mandelentzündungen, wo schon der OP-Termin feststand, brauchten nach ca. 3 Wochen Ernährungsumstellung nicht mehr operiert werden, obwohl die Diagnose lautete, die Mandeln wären so eitrig und zerklüftet, dass keine Heilung möglich sei.

Mit Ihrer neuen ganzheitlichen, individuellen Ernährungsumstellung ist jedoch vieles möglich, da Ihre eigenen Heilungskräfte wieder aktiviert werden.

Bei Allergien wie Neurodermitis, Schuppenflechte, Heuschnupfen, Asthma und unter anderem Arthrose, Rheuma, Fibromyalgie, Gicht, Gelenkschmerzen, Rückenschmerzen haben Sie schon nach 3–5 Wochen eine deutliche Verbesserung, je nach Krankheitsgrad sind Sie auch ganz beschwerdefrei.

Einige Kursteilnehmerinnen teilten mir die frohe Botschaft ihrer jahrelang herbeigesehnten Schwangerschaft mit.

Da sich Ihre Geschmacksnerven in Kürze zum Positiven verändern, könnte es sein, als ein sehr schöner Nebeneffekt, dass Sie frei sind von Ihrer Nikotinsucht.

Tierliebhaber, die auf ihr geliebtes Tier allergisch reagierten, brauchten sich von ihm nicht zu trennen.

Bulimie-Erkrankte berichten, dass Sie schon nach der 1. Woche Ernährungsumstellung kein Erbrechen mehr herbeiführten.

Schilddrüsenwerte verbessern sich schon in den ersten 3 Wochen. Eine völlig geheilte Schilddrüse hatten viele Teilnehmer nach ca. 2–3 Monaten.

Wassereinlagerungen gingen schon oft in der 1. Woche zurück.

Auch verringerte oder ganz verschwundene Cellulitis bekomme ich immer wieder als positives Feedback.

Viele Rückmeldungen erhalte ich über strafferes Gewebe am Bauch, selbst nach mehreren Schwangerschaften, auch bei Kaiserschnittgeburten.

Teilnehmerinnen und Teilnehmer, die schon mehrere Kilos nach Diäten abgenommen hatten, berichteten, dass ihre bestehenden Fettschürzen sich zurückbildeten.

Frauen, die unter Wechseljahresbeschwerden litten, teilten mir mit, dass ihre Gefühlsschwankungen und Hitzewallungen sich sehr reduzierten oder ausblieben.

Sportler fühlten sich wesentlich belastbarer und hatten in der Regel mehr Kondition.

Weiterhin benötigten meine Kursteilnehmer weniger Schlaf, ihre Tagesmüdigkeit war verschwunden, sie fühlten sich vitaler und konzentrierter.

Blutdruckwerte oder Magen-Darm-Beschwerden, Divertikel verbesserten sich in kürzester Zeit, selbst bei Menschen, die jahrelang darunter litten oder dachten, ihre Magen-Darm-Probleme wären erblich bedingt.

Auch Krebspatienten, die sich jede Woche ärztlich untersuchen ließen, berichteten, dass sich ihr Gesundheitszustand und ihr Blutbild von Woche zu Woche verbesserten.
Bei einigen Teilnehmern war der OP-Termin schon festgelegt, der dann, Gott sei Dank, nicht mehr eingehalten werden musste.

Diese Beispiele zu Ihrer Motivation.

Hiermit möchte ich mich bei allen Teilnehmern bedanken, die mir während und nach den Seminaren positive Rückmeldungen über ihre gesundheitlichen Erfolge mitteilten.

Jetzt, liebe Leserin, lieber Leser, können Sie sich auf verbesserte oder evtl. ganz geheilte Gesundheitsergebnisse und auf Ihre gewünschte Gewichtsreduktion freuen.

Ich weiß, dass Sie jetzt am liebsten wissen möchten, was Sie ab sofort essen dürfen, aber bitte gedulden Sie sich noch einige Seiten, da es sehr wichtig für Sie ist zu erfahren, welche positive Veränderung diese ganzheitliche individuelle Ernährungsumstellung für Sie bedeutet.

Wer diese Ernährungsumstellung nur für 5 Wochen leben möchte, hat den Sinn dieses Kurses verfehlt.

Denn hier geht es um dauerhaftes Wohlfühlgewicht und vor allem Gesundheit. Ich möchte Ihnen in diesem Buch mein ganzheitliches Konzept für Körper, Geist und Seele vermitteln.

Für Ihr Aussehen bedeutet diese Ernährungsumstellung ein klareres, strafferes Hautbild und eine verbesserte Körperform.

Zwar sind viele Menschen nach einer Diät schlank, sehen aber schlecht aus.
Bei der natürlichen Gesundheitslehre wird Ihrem Körper jedoch alles zugeführt, was er braucht. Sie fühlen sich selbstbewusster, und das spiegelt sich in Ihrem Äußeren.

Da Sie aber, wie vielleicht viele Menschen, schon einige Diäten ausprobiert haben, Erkrankungen hatten oder Medikamente einnehmen mussten, ist dadurch Ihr Stoffwechsel gestört.

Daher streiche ich in der ersten Woche einige Lebensmittel, damit Ihr Stoffwechsel wieder richtig arbeitet. Ab der 2. Woche ist dann wieder alles erlaubt. Aber keine Sorge, Sie brauchen weder zu hungern noch auf leckeres Essen zu verzichten.

Weil Ihr Körper ab sofort regelmäßig entgiftet wird, kann es in den ersten Tagen vorkommen, dass Sie ein Unwohlsein verspüren.

Das ist eine Heil- und Entgiftungsphase, in der es vorkommen kann, dass leichte Blutdruckschwankungen, Frösteln, Kribbeln in den Finger- und Fußspitzen, kleine Hautunreinheiten, Mundgeruch, Völlegefühl, weicher Stuhlgang, Müdigkeit, Gelenkschmerzen, evtl. kleine Gewichtszunahmen, Zyklusschwankungen, im schlimmsten Fall Übelkeit, Kopfschmerzen und Schmerzen an alten Narben auftreten. Wenn Sie unter Rheuma oder Gelenkschmerzen leiden, können sich diese Schmerzen nach ca. 3–4 Wochen für evtl. 2–4 Tage nochmals verschlimmern. Die Giftstoffe, die sich an Ihren Gelenken abgelagert haben, lösen sich dann.

Dieser Lösungsprozess kann manchmal schmerzhaft sein. Auch Allergien können nochmals ca. 1–2 Tage, je nach Krankheitsgrad manchmal auch länger, verstärkt auftreten, das ist wie bei der homöopathischen Behandlung eine Erstverschlimmerungsphase. Ebenfalls können alte Narben nochmals schmerzen. Doch freuen Sie sich, wenn diese Schmerzen oder Erstverschlimmerungen überstanden sind, werden Sie sich um so besser fühlen.

Von Kopfschmerzen bleiben die meisten Männer verschont, einige klagen über etwas Kopfdruck.
Erfahrungsgemäß leiden verstärkt Frauen an Kopfschmerzen.

Liebe Leserin, eine wichtige Information für Sie, auch Ihr Zyklus könnte etwas aus dem Rhythmus geraten.

Oft sehr hilfreich bei vielen Beschwerden sind Rescue-Tropfen. Diese Bachblüten bekommen Sie in der Apotheke. Die Flasche Rescue-Tropfen ist ein Konzentrat.
Dazu benötigen Sie noch eine 30-ml-Flasche mit Pipette. In diese 30-ml-Flasche geben Sie bitte 4 Tropfen von dem Konzentrat und füllen dies mit stillem Wasser auf. Empfehlenswert wäre, bei beginnender Ernährungsumstellung ca. 2 Wochen lang täglich 4 x 4 Tropfen in Ihren Mund zu träufeln, einen Moment im Mund lassen und dann schlucken. Je nach Bedarf auch auf Stirn und Schläfen zusätzlich einreiben. Diese Tropfen heißen auch Notfalltropfen. Sie können bei den unterschiedlichsten Beschwerden eingenommen werden, z.B. bei Nervosität, Verspannung, Kopfdruck und -schmerz, Kreislaufbeschwerden, Prüfungsangst oder anderen Ängsten, Schlafstörungen, Monatsbeschwerden, Schock, Ohnmachtsgefühl usw.

Bei starker Migräne auch hilfreich:
4 Tropfen Rescue in 1 Glas Wasser und langsam über den Tag verteilt trinken, ebenfalls Stirn, Schläfen und Nacken damit betupfen.

½ Stunde vor und nach der Einnahme bitte keine Zahnpasta oder Sonstiges mit Menthol benutzen, weil dadurch homöopathische Mittel unwirksam werden.

Da der Stoffwechsel zurzeit auf Hochtouren arbeitet und der Körper stark entgiftet, lässt ihn das auch mal ermüden. Sie werden jedoch nach dieser Phase mit Power und Energie belohnt und erledigen Alltagsarbeit fast nebenbei.

Auch werden Sie die nächsten 1–3 Tage etwas für Ihre Umwelt tun, Sie werden evtl. Blähungen haben, weil in Ihrem Körper Hausputz gehalten wird. Dadurch wird auch Ihre vielleicht bisher gute Verdauung erst einmal aus dem

Rhythmus kommen, oder Ihre bis dahin schlechte Verdauung normalisiert sich. Etwas weichere Verdauung könnte auch möglich sein. Das ist dann in der Regel kein Durchfall, sondern Ihre Darmzotten reinigen sich.

Weiterhin werden Sie in nächster Zeit sehr häufig die Toilette aufsuchen müssen. Es handelt sich um eine ganz normale Reaktion Ihres Körpers. Ihre Blase muss sich erst auf diese neue Ernährungsweise einstellen.

Sehen Sie diese eventuelle Heilkrise als positiv an, denn das zeigt Ihnen, dass Ihr Stoffwechsel begonnen hat zu arbeiten und Ihren Körper entgiftet.

Es ist es mir sehr wichtig, Ihnen diese Dinge mitzuteilen, damit Sie wissen und auch wieder wahrnehmen, was in Ihrem Körper geschieht.

Die ersten zwei Wochen ist es für viele eine neue Denkweise, dabei ist die neue Ernährungsumstellung jedoch sehr einfach.

Wer gerne aufwendig kocht oder wer es gerne schnell und einfach liebt, für den ist diese Ernährungsumstellung genau richtig.
Für jedes Alter geeignet, sowohl für Kinder, Jugendliche, Erwachsene, ältere Menschen als auch Familien oder Singles.

Bedenken Sie jedoch, was Sie evtl. 20, 30, 40 Jahre anders gelebt haben, erfordert erst einmal eine neue Denkweise.

Dabei helfe ich Ihnen natürlich und lehre Sie auch, alte Verhaltensmuster abzulegen.

Bitte sehen Sie ab sofort Ihre Waage nicht mehr als Feind, sondern als Freund.

Ein ganz wichtiger Punkt zu Ihrem Gewicht ist, dass es hier um Ihren Körper und um Ihre Gesundheit geht. Niemand anders sollte Einfluss darauf nehmen. Sie allein entscheiden, wie schlank Sie sein möchten. Wenn Sie in naher Zukunft in den Spiegel schauen und denken, so gefalle ich mir, haben Sie Ihr persönliches Wohlfühlgewicht erreicht.

Wiegen Sie sich deshalb bitte jeden Morgen nach dem ersten Toilettengang, damit Sie immer ein vergleichbares Ergebnis haben.

Dieses tägliche Wiegen ist sehr wichtig für Sie, um zu erkennen, wie Ihr Körper auf bestimmte Lebensmittel reagiert oder wie Ihr Wasserhaushalt funktioniert.

Wichtig ist auch, dass Sie ab sofort Ihren Körper täglich vermessen an Busen/Brust, Taille, Bauchumfang, den stärksten Stellen am Po, Oberschenkeln, Knien, evtl. Armen. Notieren Sie sich bitte diese Maße, da es in einigen Wochen sehr interessant und zwischenzeitlich auch sehr motivierend für Sie ist, wenn Sie Ihre aktuellen Maße kennen.

Ihr Wasserhaushalt verändert sich schon in Kürze, und dem Körper wird wieder das nötige Zellwasser zugeführt, welches durch Diäten, Medikamenteneinnahme und falscher Ernährungsweise Ihrem Körper entzogen wurde. Wie beim Muskelaufbau hat es jedoch sein Gewicht. Im Endeffekt wird Ihre Haut dadurch wieder straffer und glatter.

Ich erhalte immer wieder die positive Rückmeldung, dass Cellulitis zurückgegangen oder ganz verschwunden ist.

Dies wurde bei vielen Teilnehmerinnen zuvor bei 3x sportlicher Betätigung pro Woche nicht erreicht.

Dadurch kann es vorkommen, dass Ihre Waage von Zeit zu Zeit einen Stillstand zeigt, aber Ihre Pfündchen fließen trotzdem weiter mit dem positiven Nebeneffekt, dass sich Ihr Gewebe wieder strafft. Daher fixieren Sie sich bitte nicht allein auf Ihre Waage, sondern eine gute Kontrolle ist auch Ihre Garderobe. Deshalb berücksichtigen Sie, vor allem wenn Sie Sport treiben, sich ab sofort regelmäßig zu vermessen. Durch Ihren Muskelaufbau hätten Sie auf der Waage kein realistisches Ergebnis.

Immer wieder erlebe ich Kursteilnehmer, die in 2 Wochen, bei 3 kg Gewichtsreduktion bereits wieder in eine kleinere Kleidergröße passen.

Eine Kleidergröße entspricht jedoch im Durchschnitt 4,5–5,5 kg. Daher sollten Sie regelmäßig Ihren Umfang messen, es motiviert Sie sehr, wenn die Waage kein Erfolgsergebnis zeigt, Sie aber am Maßband feststellen, dass Sie wieder einige Zentimeter schlanker geworden sind.

Aus Erfahrung weiß ich, dass Sie nach der ersten Kursstunde eine Menge Fragen haben werden. Diese Fragen werden Ihnen im Laufe des Buches beantwortet.

Bitte nehmen Sie die folgenden Informationen zuerst einmal an. Ihre Fragen dazu werden in den einzelnen Kursstunden nach und nach erklärt.

Nun geht es im wahrsten Sinne des Wortes „ran an die Pfündchen“.

So, wie Sie sich bisher ernährt haben, benötigt Ihre Nahrung 8–9 Stunden, bis sie Ihren Magen wieder verlässt. Ihre Verdauung dauert bis zu 72 Stunden.

Jetzt stellen Sie sich bitte einmal vor, was Sie in den letzten 72 Stunden alles gegessen haben.
Stellen Sie sich weiter vor, wie diese Lebensmittel alle in einer geschlossenen Schüssel liegen.
Nach 72 Stunden öffnen Sie diese Schüssel wieder. Sie werden mit Sicherheit einen übel riechenden, gärenden, unangenehmen Geruch wahrnehmen. Genauso sieht es zurzeit in **Ihrem** Darm aus.

Daraus ist ersichtlich, dass durch Ihre bisherige Ernährung sehr viele Erkrankungen und Übergewicht entstehen können.

Ihr Darm hat eine Länge von ca. 9 m. Da passt einiges hinein.

Wenn der Darm nicht regelmäßig entleert wird, können diverse gesundheitliche Probleme entstehen. Ohne jemanden zu ängstigen: Aber durch einen nicht gereinigten und regelmäßig entleerten Darm können Krebserkrankungen entstehen.

Deshalb ist es von größter Wichtigkeit, dass Sie jeden Tag Verdauung haben.
Auf dieses Thema werde ich in den nächsten Stunden noch intensiver eingehen.

Wenn Sie diese Ernährungsumstellung einige Zeit praktiziert haben, wird es für Sie normal sein, mehrmals täglich Verdauung zu haben. Das kann sich schon positiv auf eventuelle Esssüchte auswirken.

Jetzt, bei der neuen Ernährungsweise, bleibt Ihre Nahrung

max. 4 Stunden im Magen, und Ihre Verdauung ist nach ca. 24 Stunden beendet.

Dadurch wird Ihr Körper enorm entlastet, was Ihrer Vitalität und Ihrer Energie zugute kommt.

Hat Ihr Darm zu lange mit der Verdauung zu arbeiten, werden Sie träge und müde.

Unser Körper hat eine Ausscheidungsphase ab den frühen Morgenstunden bis ca. 12:00 Uhr mittags. Das heißt: In dieser Zeit brauchen wir Nahrung, aber eine, die den Magen entlastet und ihn schnell wieder verlässt.

Ihr bisheriges Frühstück bleibt ca. 8–9 Stunden im Magen. Das Frühstück, dass Sie ab sofort zu sich nehmen, bleibt nur zwischen 10 und 30 Minuten im Magen.
Dadurch werden Ihre Giftstoffe ausgeschieden, und Sie verfügen über viel mehr Energie.
Ihr Frühstück wird ab sofort aus Obst bestehen. Sie können so viel Obst zu sich nehmen, wie Sie möchten. Obst ist die reinigendste und wasserhaltigste Nahrungsquelle überhaupt. Wasserhaltige Nahrung ist für Ihren Körper von besonderer Wichtigkeit.

Ihr Körper besteht zu ca. 70 % und Ihr Gehirn zu ca. 90 % aus Wasser.
Damit Ihr Körper und Ihr Gehirn optimal funktionieren, müssen Sie ihnen auch wasserhaltige Nahrung zuführen.
Jede Obstart enthält um die 80 % Wasser!
Obst ermöglicht Ihrem Körper, sich von seinen angesammelten Giftstoffen zu reinigen und schenkt ihm Kraft, Energie und Konzentration.

Es sollten mindestens 3 Obstmahlzeiten am Vormittag sein.

Ihren Stoffwechsel stellen Sie sich bitte wie ein Feuer vor. Dieses Feuer sollte den ganzen Tag brennen. Essen Sie aber nicht regelmäßig, geht dieses Feuer aus, das heißt Ihr Stoffwechsel arbeitet nicht mehr oder nur auf Sparflamme. Dadurch erfolgen keine Fettverbrennung und keine ausreichende Entgiftung. Deshalb sollten Sie nicht morgens z. B. nur 1 Apfel frühstücken und dann erst wieder zum Mittag eine Mahlzeit einnehmen.

Wenn Sie ein Hungergefühl verspüren, haben Sie zu wenig oder zu unregelmäßig gegessen, und Ihr inneres Feuer ist aus. Somit kann Ihr Stoffwechsel nicht arbeiten, und es erfolgt keine oder nur eine geringe Gewichtsreduktion.
Ihr Stoffwechsel arbeitet nur optimal, wenn er eine regelmäßige Versorgung hat.

Die meisten Teilnehmer wundern sich, wie gut sie sofort mit ihrem Obstfrühstück zurechtkommen.

2 % der Teilnehmer, meist die männlichen, denken, sie würden nicht genügend gesättigt mit Obst. Doch genau die Teilnehmer, die am Anfang dachten, nur ein Obstfrühstück über den Vormittag verteilt, würden sie nicht schaffen oder vertragen, sind es, die oft sofort den ganzen Tag Obst essen möchten, weil sie sich wunderbar gesättigt und fit dadurch fühlen und diese Ernährung für unterwegs oder zur Arbeit einfach wunderbar finden.

Süßes Obst, wie z. B. Nektarinen, Birnen und Ananas sättigen sehr gut, im Gegensatz zu Äpfeln, durch die viele Menschen noch mehr Hungergefühle bekommen.

Einige Teilnehmer vermissen morgens noch Ihr Brötchen, aber selbst Härtefälle, die dachten, ohne typisches Frühstück geht es nicht, konnten von ihrem eigenen Wohlbefinden überzeugt werden.

Sollten Sie zurzeit noch nicht alle Obstsorten vertragen, weil Sie eventuell darauf allergisch reagieren, essen Sie zuerst nur die Früchte, die Ihnen gut tun.
Diese Obstallergie ist meistens eine Kreuzallergie, es erklärt sich Ihnen in der 3. Kursstunde.
Sie werden nach 2 Wochen schon wieder langsam diese Obstsorten probieren können, bei denen Sie jetzt noch mit juckendem Hals überreagieren.

Wenn Sie Magen-Darm-Probleme haben, meiden Sie in den ersten 2 Wochen Zitrusfrüchte wie Kiwi, Apfelsine, Ananas, usw.

Geben Sie bitte Ihrer Gesundheit und Ihrem Wohlfühlgewicht eine Chance, Sie werden begeistert sein, da Sie den Erfolg am eigenen Körper spüren.

Wenn Sie morgens nicht so hungrig sind, können Sie auch eine Frucht in 3 Mahlzeiten teilen. Sie können sich aber auch einen großen Obstsalat fertig machen und den ganzen Vormittag davon naschen.

Obst ist den ganzen Vormittag in unbegrenzter Menge erlaubt, hören Sie auf Ihren Körper, wann Sie gesättigt sind.

Als Fruchtmahlzeit zählt auch ein Glas 100-%iger Fruchtsaft, ohne Zucker oder Süßstoffe, wenn Sie z. B. aus beruflichen Gründen zwischendurch keine Möglichkeit haben zu essen.

Diese Fruchtsäfte bekommen Sie in fast jedem Supermarkt. Die Firmen ALDI und LIDL haben z. B. Fruchtsäfte mit 100 % Fruchtgehalt ohne Zucker und Süßstoffe.

Bitte immer unter „Zutaten“ nachlesen!

Die Firma Hohes C hat einige Säfte wie Orangen- und Apfelsaft, die Sie auch in kleinen Tetra-Packs bekommen, die 100 % Fruchtgehalt haben und keinen Zucker und keine Süßstoffe enthalten.

Bitte meiden Sie Fruchtsaftmischungen! Dadurch hätten Sie keine Gewichtsabnahme, weil diese Säfte meistens Banane enthalten.

Bei Saftmischungen bitte beachten, dass diese frei von Gemüseanteilen und Honig sind.

Wenn Sie die Möglichkeit haben, ist natürlich frisch gepresster Fruchtsaft immer vorzuziehen.
Mengenmäßig dürfen Sie bis zu ³/₄ Liter Fruchtsaft trinken.

Möchten Sie an Gewicht verlieren, gibt es folgende Einschränkung beim Obst- und Saftverzehr.

Ananas- und Traubensaft enthalten zu viel eigenen Fruchtzucker, so dass Sie kein Gewicht verlieren, ebenfalls, wenn Sie Bananen, Weintrauben, Pflaumen, Papaya, Mango oder Trockenfrüchte essen.

Eine frische ganze Ananas dürfen Sie natürlich essen. Sie regt sehr gut die Fettverbrennung an und schwemmt Giftstoffe aus.

Auch eine Handvoll Weintrauben in Ihrem Obstsalat sind o.k., jedoch haben Weintrauben immer diesen Nasch-Effekt, und wenn Sie zu viele Weintrauben zu sich nehmen, werden Sie an diesem Tag kein Gewicht verlieren.

Achtung:
Nur für Leser die eine Gewichtszunahme wünschen oder Ihr Gewicht halten möchten

Wenn Sie zu den Lesern gehören, die keine Gewichtsprobleme haben oder evtl. gerne zunehmen möchten, gilt diese Regelung nicht.

Sie dürfen ab sofort auch Bananen, Weintrauben, Mangos, Papayas, Pflaumen und Trockenfrüchte essen und Fruchtsaftmischungen, ebenfalls Trauben-, Ananassaft der Fa. Völkel, trinken.

Liebe Leserin, lieber Leser, wenn Sie es gewohnt sind, morgens mit Ihren Familienmitgliedern zu frühstücken, beißen Sie bitte nicht einfach nur in Ihren Apfel. Es wirkt ungemütlich.
Dekorieren Sie sich einen schönen bunten Obstteller, dazu 1 Glas frisch gepresster Saft oder Tee, und Sie frühstücken genauso gemütlich wie alle anderen.

Weiterhin möchte ich Ihnen empfehlen, Ihre Familie am Anfang nicht zum Obstfrühstück zu überreden. Leben Sie es bitte vor, und Sie werden feststellen, Ihre Familie wird sehr schnell mitmachen.

Nochmals zur Wiederholung:

Diese erste wichtige Regel, um Ihr Wunschgewicht und Ihre Gesundheit zu erreichen, ist:

Bis mindestens mittags <u>frisches</u> Obst verzehren, kein Konservenobst!

Diese Regelung sollten Sie bis an Ihr Lebensende beherzigen, weil Sie dadurch Ihrem Körper immer wieder die Chance geben, sich von Giftstoffen zu befreien. Alternative Ausnahmen bestätigen allerdings auch hier die Regel.

Nun noch einmal eine sehr wichtige Information zum Obstverzehr:

Ab dem Zeitpunkt, wo Sie irgendetwas anderes gegessen haben als Obst, dürfen Sie kein Obst mehr verzehren.

Weder im Joghurt, Kuchen, Marmelade, Quark, Pfannkuchen oder Sonstigem.

Die meisten Obstsorten möchten nach 10 Minuten, mit Ausnahme von Bananen und Trockenfrüchten, die 30 Minuten benötigen, aus Ihrem Magen heraus.

Essen Sie Obst mit oder nach anderen Lebensmitteln, kommt es zum Gärprozess.

Daher haben bisher so viele von Ihnen unter Sodbrennen, Tagesmüdigkeit und diversen Erkrankungen gelitten, denn wenn wir Obst falsch verzehren, kann es den Körper vergiften!

Wenn Sie bisher dachten, ich esse abends nur noch einen Apfel, haben Sie dadurch Ihren ganzen Stoffwechsel gestört. Weil, wie Sie sich bisher ernährten, blieb Ihr Essen bis zu 9 Stunden im Magen, und Ihr Apfel oder sonstiges Stück Obst wollte aber schon nach 10 Minuten Ihren Magen verlassen. Daher musste der Körper auf Höchstleistung arbeiten, und es konnten sich Giftstoffe, auch Toxine genannt, bilden. Dadurch können vielerlei Beschwerden und Erkrankungen entstehen.

Deshalb ist es von größter Wichtigkeit, Obst immer alleine und nur auf leerem Magen zu verzehren.

Bis mittags ca. 12:00 Uhr Obst zu verzehren, ist die Mindestzeit, Sie dürfen natürlich auch länger, gerne den ganzen Tag, Obst verzehren, nur ab dem Zeitpunkt, wo Sie irgendetwas anderes essen, keine Fruchtsäfte und kein Obst mehr.

Wie Sie nach anderen Mahlzeiten wieder Obst essen und Obstsäfte trinken dürfen, erkläre ich Ihnen in einer späteren Kursstunde.

Nun eine grundsätzliche Faustregel:

So frisch, wie Sie sich fühlen und aussehen möchten, so frisch sollten Sie sich auch ernähren!

Als Getränke sind schwarzer Tee und Kaffee ebenfalls erlaubt, gehören aber nicht zur natürlichen Gesundheitslehre und sollten deshalb nur in Maßen genossen werden. Weil Sie den Körper übersäuern, Wasser entziehen und die Fettverbrennung hemmen.

Mit Ihrer neuen Ernährungsform kommt der Säure-Basen-Haushalt im Körper wieder ins Gleichgewicht, und es wäre schade, wenn Sie sich das mit zu viel Kaffee und schwarzem Tee verderben.

3 Tassen oder selbst 3 Pötte Kaffee oder schwarzer Tee wären erlaubt.

Achtung – Sehr wichtig!

Kaffee und Tee nehmen Sie bitte „schwarz" zu sich. Keine Milch, kein Zucker und auch kein Süßstoff.

Ich weiß, jetzt wird bei vielen Lesern erst einmal „Oh, nein" gedacht, aber das ist sehr wichtig.
Sie denken vielleicht, diese geringe Menge Milch oder Zucker kann doch nichts. Doch genau damit haben Sie eine Behinderung, sowohl in der Gewichtsreduktion, als auch im gesundheitlichen Bereich. Daher ist es bitte sehr wichtig für Sie, Kaffee oder Tee „schwarz" zu trinken.

Bei meinen Teilnehmern ändert sich der Geschmacksnerv in der Regel sehr schnell, so dass ihnen Kaffee oder Tee auch „schwarz" schmecken.

In unbegrenzter Menge dürfen Sie grünen oder Rooibostee trinken. Kräutertees in den Mengen wie sie empfohlen werden. Sie sind, je nach Teesorte, beruhigend oder anregend und haben eine heilende Unterstützung bei diversen Erkrankungen.

Die erste wichtigste Regelung nochmals zur Wiederholung:

Um Ihr Wunschgewicht und Ihre Gesundheit zu erreichen, ist bis mindestens mittags frisches Obst zu verzehren – kein Konservenobst.

Diese Regelung sollten Sie bis an Ihr Lebensende beherzigen, weil Sie dadurch Ihrem Körper immer wieder die Chance geben, sich von Giftstoffen zu befreien.
Ausnahmen gibt es immer einmal, wenn Sie z. B. zum Frühstück eingeladen sind.

Ich vertrete ja hier in diesem Buch zu 90 % die natürliche Gesundheitslehre, und 10 % alternative Ernährung.

Daher kann jeder mit dieser neuen Ernährungsumstellung wunderbar zurechtkommen.

Die zweite wichtigste Grundregelung:

Ab Beginn Ihres Aufstehens trinken Sie bitte alle 2 Stunden über den Tag verteilt mindestens 1 Glas Wasser. Am idealsten vor Ihren Mahlzeiten.

Wenn Sie schon mehr trinken, umso besser!

Alle 2 Stunden jedoch ist das absolute Mindestmaß. Sie können sich noch so gut ernähren, trinken Sie zu wenig und zu unregelmäßig, können weder Ihre Pfündchen dahinschmelzen noch können gesundheitliche Verbesserungen eintreten.

Denn dann wirbeln Ihre Giftstoffe in Ihrem Körper herum, was Sie oft unruhig und nervös machen kann.

Daher ist das regelmäßige Wassertrinken von größter Wichtigkeit.

Am besten eignet sich „stilles Wasser". Ich persönlich empfehle immer sehr gerne „Plose" oder „Mont Rouscous" Wasser.

Es darf auch zwischendurch mal ein kohlensäurehaltiges Wasser sein, doch zu viel Kohlensäure ist nicht gut für Ihren Magen und verursacht ein verstärktes Völlegefühl.

Wie lange Sie abends mit dem Wassertrinken fortfahren, probieren Sie bitte aus, damit Ihre Nachtruhe nicht durch häufigere Toilettenbesuche gestört wird.

Nun liebe Leserin, lieber Leser, erfahren Sie, was Sie ab sofort **mittags** essen dürfen:

Kartoffeln mit zerlassener Butter oder eigener Kräuterbutter, bitte nehmen Sie gute Butter, denn mit Margarine hätten Sie hier bei dieser Ernährungsumstellung eine Behinderung. Verwenden Sie mengenmäßig so viel Butter, wie es Ihnen schmeckt, aber bitte kein Paket pro Tag.

Bratkartoffeln, – Ja, Sie haben richtig gelesen – und wenn Sie mögen, mit Zwiebeln, Kräutern und Gewürzen abgerundet.

Folienkartoffeln mit selbst gemachter Kräuterbutter

oder auch

Pommes.

Dass Pommes keine natürliche Gesundheitslehre sind, brauche ich Ihnen nicht zu erklären. Sie gehören zu den 10 % alternative Ernährung, da sie gehärtete Fette enthalten.

Weiterhin dürfen Sie:

100 % Hartweizen-, Dinkel- oder Hirsenudeln ohne Ei verzehren. Nudeln während der Reduktionszeit bitte nur einmal die Woche. Reis, am besten Vollwertreis (Naturreis).

Sie dürfen z. B.

Kartoffeln mit zerlassener Butter, dazu Gemüse, z. B. Rosenkohl, Blumenkohl, Broccoli usw.

in unbegrenzter Menge genießen.

Wenn Sie sehr hungrig sind, noch zusätzlich
Salat in unbegrenzter Menge, z. B. Eisbergsalat, Tomaten, Salatgurke, Feldsalat, Radieschen usw.

Haben Sie weniger Hunger, dürfen Sie auch nur Salat oder Gemüse in unbegrenzter Menge essen.

Wie Sie sich Ihre Mahlzeiten aufteilen, liegt an Ihren individuellen Bedürfnissen.

Ihre **Salatsoße für die 1. Woche** (ab nächster Woche sind wieder andere Salatsoßen möglich):
Natives, kalt gepresstes Olivenöl, z. B. von den Firmen ALDI oder LIDL.
Salz, Pfeffer, andere typische Gewürze nach Ihrem Geschmack, aber bitte ohne Glutamate, jegliche andere Geschmacksverstärker, Farbstoffe oder Gewürz- und Salzmischungen, denn damit hätten Sie eine Behinderung und würden nicht abnehmen.
Zwiebel, Knoblauch, frische, getrocknete (z. B. von der Fa. LIDL im Glas) oder gefrorene Kräuter, z. B. von der Fa. IGLO die kleinen Päckchen, Petersilie, Dill usw. oder mit der Salatkräutermischung bekommen Sie schnell eine leckere Salatsoße.
Die Salatsoße bleibt bitte frei von Essig und Zitronensaft.
Essig übersäuert und hemmt die Fettverbrennung. Zitrone ist Obst, und deshalb bitte nie mit anderen Lebensmitteln kombinieren. Bitte verwenden Sie in der 1. Woche nur diese Salatsoße.

Testen Sie bitte Olivenöl, wenn Sie bisher noch nie dieses Öl benutzt haben, da es einen eigenen Geschmack hat.
Meine Erfahrungen aus den Kursen: Die Teilnehmer, die das Olivenöl von der Fa. ALDI schmackhaft finden, lehnen das Öl der Fa. LIDL ab. Die, die das Öl von der Fa. LIDL

schmackhaft finden, lehnen es von der Fa. ALDI ab. Deshalb: Testen Sie bitte, welches Olivenöl Ihnen persönlich besser schmeckt. Olivenöl ist sehr wertvoll für Ihr Herz und Ihren Kreislauf, es enthält sehr viel Vitamin E.

Gemüse am besten frisch gekauft oder aus dem Tiefkühlfach, z. B. von der Fa. ALDI. Achten Sie bitte bei Tiefkühlkost darauf, dass nur Gemüse, Wasser und Salz enthalten sind, z. B. Rosenkohl, Blumenkohl, Broccoli, Möhren. Diese können Sie unter „Zutaten“ auf der Verpackung nachlesen. Mit fertigen Soßen hätten Sie eine Behinderung bei der Gewichtsreduktion sowie teils auch im gesundheitlichen Bereich.

An Gemüsesorten meiden Sie bitte dicke Bohnen, Kidneybohnen, Erbsen, Mais und Pilze wie Champignons etc. Warum und wieso erkläre ich Ihnen gerne in weiteren Kursstunden.

Grundsätzliche Regelung bei verpackten Lebensmitteln:

Lesen Sie bitte immer unter „Zutaten“ nach, welche Inhaltsstoffe enthalten sind.

Manchmal sind in Gemüsemischungen auch Erbsen enthalten. Sie denken vielleicht, diese Kleinigkeit kann keine Wirkung haben, aber genau mit dieser Kleinigkeit hätten Sie keine Gewichtsreduzierung.

Gemüsesoße

Ihr Gemüse dürfen Sie ebenfalls mit typischen Gewürzen Ihrer Wahl abschmecken.

Weiterhin können Sie Ihr Gemüse mit zerlassener Butter oder selbst gemachter Kräuterbutter verfeinern.

Wenn Sie gerne Ihr Gemüse binden möchten, verwenden Sie bitte Johannisbrotkernmehl.
Dies ist ein geschmacksneutrales Bindemittel ohne Zusätze und sparsam im Verbrauch!

Nachmittags
dürfen Sie
Salat, Gemüse oder Rohkost in unbegrenzter Menge
essen.

Abends
dürfen Sie z. B.

- Salat und Folienkartoffel,
- Reis-Curry-Gemüsepfanne,
- Bratkartoffeln mit Salat, oder nur Salat, so wie Sie möchten, oder nochmals das Gleiche wie mittags verzehren.

Was jetzt jedoch anders als bisher auf Ihrem Teller aussieht, ist, dass jetzt nicht mehr Ihr Teller halb mit Kartoffeln und halb mit Fleisch und auf den kleinen Beilagetellern Gemüse oder Salat sind, sondern denken Sie daran, dass Ihr Körper zu ca. 70 % und Ihr Gehirn zu ca. 90 % aus Wasser bestehen und Sie Ihrem Körper mindestens zu 70 % wasserhaltige Lebensmittel zuführen sollten.

Zu wasserhaltigen Lebensmitteln zählen Obst, Salat, Gemüse, Rohkost.

Sollten Sie Eintopf gekocht haben, egal ob Sauerkraut-, Möhren-, Wirsing- oder einen anderen Eintopf, so müssen Sie hierbei berücksichtigen, dass Sie Fleisch, und Wurst oder Speck in einem separaten Topf kochen, durch den Sud hätten Sie eine Behinderung. Sie essen die Kartoffeln mit dem jeweiligen Gemüse ohne Fleisch, Speck und Wurst.

Möchten Sie gerne mit Gemüsebrühe würzen, dann benutzen Sie bitte nur Frugola ohne Hefe.
Andere Gemüsebrühen enthalten tierische Fette, Gluten und Hefe. Mit anderen Gemüsebrühen nehmen die meisten nicht ab, eher zu. Es ist von Ihrem Wasserhaushalt abhängig. Näheres erkläre ich Ihnen in der 2. Stunde.

Sie dürfen alle typischen Gewürze nehmen, nur Vorsicht bei Gewürzmischungen, die enthalten oft Glutamate, Monoglutamate, Farbstoffe.

Außerdem reagieren auf diese Zusätze viele Menschen mit Bluthochdruck, Kopfschmerz und Allergien.

Da der Eintopf 50 % Kartoffeln und 50 % Gemüse enthält, essen Sie entweder mittags oder abends so viel Eintopf, dass Sie genügend gesättigt sind. Zu den anderen Mahlzeiten dann bitte wasserhaltige Lebensmittel, wie z. B. Salat, Gemüse, Rohkost. Bis Mittag natürlich Obst. Dann stimmt wieder das Verhältnis 30 % konzentrierte = Eintopf zu 70 % wasserhaltige Nahrung = restlicher Tag.

So können Sie Ihren Tag ganz individuell einteilen.

Sie dürfen, wenn Sie mögen, aufwendig kochen, Sie können es aber mit Obst- und Rohkostverzehr auch sehr einfach haben.

Wenn Sie nach einem reichhaltigen Mittagessen am Nachmittag keinen Hunger verspüren, so sollten Sie jedoch mindestens jede Stunde eine Kleinigkeit essen. Es reicht aus, wenn Sie pro Stunde eine Cherrytomate oder ein Stück Paprika, Salatgurke oder Ähnliches verzehren, damit Ihr Stoffwechsel weiter arbeiten kann.

Diejenigen, die am regelmäßigsten essen, haben den größten Gewichtsverlust.

Jedoch haben die meisten von Ihnen zurzeit noch, gerade am Nachmittag, ein starkes Verlangen nach Süßem, ob Schokolade, Plätzchen, Kuchen oder sonstiges.

Wenn sich nachmittags Heißhunger auf Süßes bemerkbar macht, versuchen Sie es bitte erst einmal mit Rohkost, Salat oder Gemüse, oder mit Rotbuschtee, der auch Heißhungergefühle hemmt.

Versuchen Sie, sich erst mit einem Telefonat, Lesen oder einem kurzen Spaziergang abzulenken.

Wenn das alles nicht helfen sollte, genießen Sie einfach 2–4 Plätzchen oder ein Stück Trockenkuchen (Topfkuchen) ohne Schokolade, Mandeln und Nüsse.

Bitte meiden Sie Lakritzkugeln oder Gummibärchen.

Sie denken 1–2 kleine Naschereien davon können doch keine Behinderung sein.

Aber:

Lakritzkugeln enthalten teilweise sehr viel Salz, und Gummibärchen enthalten Fruchtzucker, damit haben die meisten Menschen wieder Wassereinlagerungen und Gärprozesse in Ihrem Körper. Reagiert Ihr Körper ebenfalls so, könnten Sie am nächsten Tag auf Ihrer Waage keine Gewichtsreduktion feststellen.

Deshalb ist es wichtig für Ihre Denkweise, dass Sie die Plätzchen oder das Stück Kuchen ohne schlechtes Gewissen genießen.

Denn ab sofort haben Sie es nicht mehr nötig, aus Frust die ganze Plätzchendose leer zu naschen, nach dem Motto: „Jetzt ist es eh egal“. Nein, es ist wichtig für Sie zu wissen, dass Sie ganz bewusst diese Dinge essen dürfen.

Wenn Sie am Nachmittag dem süßen Heißhunger nicht widerstehen konnten, essen Sie bitte abends Salat, Gemüse und/oder Rohkost.

Ihr Blick auf die Waage am nächsten Morgen wird Sie dann in der Regel trotzdem erfreuen.

Jetzt denke ich, liebe Leserin, lieber Leser, sind Sie erst einmal beruhigt, da Sie bis hierher schon erkennen, dass Sie weder hungern noch auf Genuss verzichten müssen.

Rezepte finden Sie jeweils im Anschluss an jede Kursstunde. Obwohl, Sie werden es schon bemerkt haben, Sie benötigen normalerweise keine neuen Rezepte, Sie müssen nur gewisse Kleinigkeiten beachten.

Was Sie bei der Aufteilung Ihrer Mahlzeiten beachten sollten, ist, dass Sie am Tag 70 % wasserhaltige Lebensmittel und wenn überhaupt nur 30 % konzentrierte Lebensmittel, wie Kartoffeln & Co., Nudeln und Reis essen sollten.

<u>Mein extremes Beispiel:</u>

30 % konzentr.	+	70 % wasserh.
1 Kartoffel	+	7 Tomaten
3 Kartoffeln	+	21 Tomaten

Nur, so extrem ist es nicht, da Sie ja bis mindestens mittags schon Obst verzehrt haben.

Ihr Tagesplan könnte z. B. so aussehen:

Bis mittags	Obst.	
Mittags	Salat – Gemüse.	70 % wasserh.
Nachmittags	Knabberschale Rohkost.	
Abends	Bratkartoffeln, in pflanzl. Fett braten	30 % konzentr.

Oder:

Bis mittags	Obst.
Mittags	1 gr. Pommes mit Salz, ohne Majo & Ketchup, ohne rotes Pommesgewürzsalz.
Nachmittags	Rohkost und Salat.
Abends	Gemüse. Pommes wären 30 % konzentrierte Nahrung, der restliche Tag 70 % wasserhaltige Nahrung.

Oder:

Bis mittags	Obst
Mittags	1 Folienkartoffel mit selbst gemachter Kräuterbutter und Salat oder Gemüse.
Nachmittags	Rohkostsalat
Abends	Reis-Gemüse-Pfanne

Kochen Sie abends für Ihre Familie, können Sie den Tagesplan so wählen:

Solange Sie mögen Obst, anschließend Rohkost, Salat oder/und Gemüse.
Abends z. B. Sauerkraut-, Wirsing-, oder Möhreneintopf ohne Fleisch, Speck oder Wurst.

Nochmals zur Erinnerung:

Eintöpfe bestehen zu 50 % aus Kartoffeln und 50 % Gemüse. Daher essen Sie bitte bei einer Mahlzeit, ob mittags oder abends, so viel davon, dass Sie sich richtig gesättigt fühlen. Bitte verwenden Sie für Fleisch, Speck oder Wurst, wenn Sie dieses für Ihre Familie kochen, einen separaten Topf. Durch den Sud hätten Sie eine Behinderung, sowohl von der Gewichtsreduktion, als auch von der gesundheitlichen Seite.

So, denke ich, werden Sie die ersten beiden Tage Ihrer Ernährungsumstellung rundum gesättigt.

Jetzt, liebe Leserin, lieber Leser, vermissen Sie noch Ihr Brot oder Brötchen. Bitte ernähren Sie sich 2 Tage ohne Brot, ganz wichtig für Ihre Umstellung.

Essen Sie alternativ eine Folienkartoffel oder Bratkartoffeln. Ich denke, das entschädigt Sie im Moment, und man kann sich damit auch sehr genussvoll ernähren.
Fleisch, Fisch, Geflügel, Eier, Wild dürfen Sie ab dem 4. Tag wieder essen, aber das erläutere ich Ihnen in der 2. Kursstunde.

Milchprodukte, egal in welcher Form, ob Käse, Milch, Joghurt, Quark, Sahne, Crème fraîche, Schmand, Schokolade, Pudding, streichen Sie bitte 1 Woche aus Ihrem Speiseplan.

Das ist zurzeit sehr wichtig, damit Ihr Stoffwechsel wieder richtig arbeitet und Ihre Entgiftungsphase so angenehm wie möglich für Sie ist.

Butter und Kräuterbutter dürfen Sie ab sofort verwenden. Butter ist neutral, da sie einen hohen Fettanteil enthält.

Kauen Sie bitte weder Kaugummi noch Bonbons. Das hat nichts mit Kalorien zu tun, darauf brauchen Sie nicht zu achten. Es hängt mit Ihren Verdauungssäften zusammen die, wenn Sie ständig etwas kauen, vermehrt produziert werden und dadurch den gesamten Stoffwechsel stören können und eine Behinderung bei Ihrer Gewichtsabnahme wären.

Sehr wichtiger Gesundheitshinweis für Diabetiker!!!

Liebe Leserin, lieber Leser, leiden Sie an Diabetes? Sie nehmen Medikamente oder spritzen selbst? Etwas sehr Wichtiges, auf das Sie achten müssen, ist, morgens bei Ihrem Obstverzehr: Sie sollten ständig von Ihrem Obstsalat naschen oder zwischendurch Obstsaft in kleinen Schlucken trinken, weil das Obst nach 10 Minuten Ihren Magen schon wieder verlassen hat, kann es, wenn Sie länger nichts essen, zur Unterzuckerung kommen. Deshalb sollten Sie in jedem Fall immer Traubenzucker, Banane oder 1 Stück Brot bei sich haben.

Erfahrungsgemäß kommen die meisten mit einem Stück Banane oder einigen Schlucken Orangensaft klar.

Auch werden Sie feststellen, dass sich in Ihrem Körper alles sehr schnell zum Positiven wandelt. Deshalb müssen

Sie nach ca. 3–4 Tagen, wenn Ihre Zuckerwerte schon gesunken sind, was für Sie bei Ihren Messungen ersichtlich ist, die Menge des Insulins reduzieren.
Spritzen Sie nämlich die gleiche Menge weiter oder nehmen die gleiche Anzahl an Tabletten, kann Ihr Blutzuckerspiegel durcheinandergeraten.

Sprechen Sie dieses bitte unbedingt mit Ihrem Arzt ab.

Ebenfalls fragen Sie ihn bitte, in welcher Dosis Sie jetzt Ihre Tabletten einnehmen müssen und ob Sie sie überhaupt noch nach der 1. Woche einnehmen müssen.
In der Regel sind Ihre Werte dann schon wieder im Normalbereich.

Wichtig! Setzen Sie bitte nie ohne ärztlichen Rat ein Medikament ab.

Entgegengesetzt dem, was Sie bisher über Diabetesernährung erfahren haben, dürfen Sie Obst essen.
Aber sehr wichtig, zum richtigen Zeitpunkt und in der richtigen Kombination.
Denn durch den natürlichen Zuckergehalt des Obstes reguliert sich der Blutzuckerspiegel sehr schnell. Essen Sie jedoch Obst falsch wie bisher, nicht auf nüchternen Magen, schnellt Ihr Blutzuckerspiegel sofort wieder in die Höhe.

Durch den natürlichen Zuckergehalt des Obstes reguliert sich der Blutzuckerspiegel in der Regel sehr schnell.

Erfahrungswerte sind, dass nach 1–2 Wochen auf ärztlichen Rat hin keine Tabletten mehr eingenommen werden mussten. Selbst bei Diabetikern, bei denen die Werte über 400 lagen, musste nur noch gering Insulin gespritzt werden.

Das ist immer der schönste Erfolg, da Ihre Gesundheit an 1. Stelle steht. Die Pfündchen fließen automatisch.

Sehr wichtiger Gesundheitshinweis für Schilddrüsenpatienten!!!

Sollten Sie Schilddrüsenprobleme haben und chemische Medikamente einnehmen, bitte ich Sie, schnellstmöglich einen Termin bei einer/einem Naturheilärztin/-arzt zu vereinbaren. Meist rechnen diese über die Krankenkasse ab. Bitte informieren Sie sich vorher. Oder Sie sollten einen Termin mit einer/einem Heilpraktiker/in vereinbaren, diese Kosten müssen Sie jedoch meist selbst tragen, falls Sie keine Zusatzversicherung für diesen Bereich haben. Aber bitte klären Sie auch das vorher ab.

Bei einigen chemischen Medikamenten werden Sie im Höchstfall 3–4 kg abnehmen. Obwohl Sie sich korrekt ernähren, werden Sie in der Regel Ihr Gewicht nicht weiter reduzieren können.

Sind Sie auf homöopathische Mittel umgestellt, werden Sie höchstwahrscheinlich nach einigen Tagen deutliche Verbesserungen spüren.

Ihre Schilddrüsenwerte können sich dadurch sehr verbessern. Einige Kursteilnehmer konnten sogar nach 4 Wochen berichten, dass Sie keine Medikamente mehr einnehmen mussten, so sehr hatten sich die Werte verbessert.

Sehr wichtiger Gesundheitshinweis für Leserinnen und Leser, die mit Hormonen behandelt werden oder Medikamente einnehmen!!!

Sollten Sie Hormone zu sich nehmen (außer der Antibabypille) oder ein Hormonpflaster tragen, haben Sie fast immer eine Behinderung bei Ihrer Gewichtsreduktion. Im Durchschnitt werden Sie nicht mehr als 3 kg abnehmen und brauchen nur einmal falsch zu essen und Sie hätten wieder zugenommen.

Deshalb gehen Sie bitte zum Naturheilarzt, er wird Sie auf homöopathische Mittel umstellen, und Sie haben so die Chance wie meine Kursteilnehmer super Ihr Gewicht auf Dauer zu reduzieren.

Das gilt auch für alle anderen Medikamente, die Sie nehmen. Packen Sie alle Ihre Medikamente ein und zeigen diese Ihrem Naturheilarzt. Er wird für Sie das richtige Mittel von Mutter Natur haben. Denn zu 99 % gibt es immer eine natürliche Alternative.

Damit können Sie Ihren Körper entlasten und nehmen, wenn Sie sich zu mindestens 90 % an meine Anweisungen halten, wunderbar ab und fühlen sich sehr gut.

Sehr wichtiger Hinweis für Leserinnen in der Schwangerschaft

Wegen der Entgiftungsphase am Anfang der Ernährungsumstellung empfehle ich persönlich **keine** Ernährungsveränderung in den ersten 4 Monaten.

Sprechen Sie bitte mit Ihrem Frauenarzt ab, wann Sie am besten mit der Ernährungsumstellung beginnen.

Bei Wassereinlagerungen, Allergien und zu starker Gewichtszunahme wäre eine Ernährungsumstellung als Gegenmaßnahme sehr hilfreich.

Wenn Sie eine Schwangerschaft planen, ist es sehr sinnvoll, mindestens 3 Monate vorher mit der Ernährungsumstellung zu beginnen.

Hinweise für Schichtdienstler

Wenn Sie Nachtdienst haben, dürfen Sie ab 0:00 Uhr, bis Sie sich morgens zum Schlafen hinlegen, Obst, vegetable Früchte (Erklärung 2. Kursstunde) verzehren, zusätzlich Fruchtsäfte, Tee oder evtl. 1–2 Tassen Kaffee **ohne** Milch, Zucker, Süßstoffe und mindestens alle 2 Stunden 1 Glas Wasser trinken.

Wenn Sie dann evtl. gegen Mittag aufstehen, fangen Sie wieder mit Obst an. Sobald Sie dann andere Mahlzeiten verzehren möchten, müssen Sie nur 10 Minuten warten.

Ab 19:00 Uhr sollten Sie dann die letzte, richtig zusammengestellte Mahlzeit gegessen haben.
Danach bitte nur die vegetablen Früchte Tomate, Salatgurke und Paprika (Erklärung 2. Kursstunde).

Bitte absolut nichts anderes, weil Sie sonst wieder einen Gärprozess in Ihrem Körper haben, wenn Sie ab 0:00 Uhr Obst verzehren.

Das waren bis jetzt, liebe Leserin, lieber Leser, sehr viele Informationen für Sie. Auf den nächsten Seiten noch einmal ein kurze Übersicht für die nächsten 2 Tage. Ebenfalls eine Obst-, Salat- und Gemüseauflistung.

Lesen Sie bitte erst übermorgen weiter, und befolgen Sie erst einmal die nächsten 2 Tage. Lassen Sie Ihr neues Hintergrundwissen wirken.
Bis dahin wünsche ich Ihnen einen guten Start und viel Erfolg.

Bis übermorgen, alles Liebe und Gute

Tagesplan für den 1. und 2. Tag:

Ab Tagesbeginn
alle 2 Stunden 1 Glas Wasser

Morgens:

Obst in unbegrenzter Menge

mindestens 3 Mahlzeiten

außer Bananen, Weintrauben, Pflaumen, Mangos, Papayas, Trockenfrüchte

sie haben zu viel Fruchtzuckergehalt, daher zur Gewichtszunahme und -erhaltung ideal

Säfte, 100 % Fruchtgehalt, ohne Zucker und Süßstoffe

Saftmenge maximal ¾ Liter.

evtl. 3 Tassen oder Pötte Kaffee oder schwarzen Tee
Wichtig!!! <u>Ohne</u> Milch, Zucker u. Süßstoffe

unbegrenzt Tee

Ab dem Zeitpunkt, ab dem Sie kein Obst mehr essen möchten:

max. 30 %	Kartoffeln
am Tag:	Bratkartoffeln
	Folienkartoffeln
	Pommes
	Reis
	Nudeln ohne Ei
	Hirse
	Buchweizen
	Dinkel
	mit selbst gemachter Kräuterbutter, Öl oder zerlassener Butter
mind. zu 70 %	Salat
am Tag:	Gemüse
	Rohkost

Salatsoße, 1. Woche:

natives, kaltgepresstes Olivenöl, Salz, Pfeffer, Zwiebeln, Knoblauch, frische, getrocknete oder gefrorene Kräuter – je nach Geschmack **Ohne Essig!**

Gemüsesoße, 1. Woche:

Butter oder selbst gemachte Kräuterbutter, Salz, Pfeffer, je nach Geschmack diverse andere Gewürze, frei von Glutamaten oder jeglichen anderen Geschmacksverstärkern und Farbstoffen.

Achtung bei allen Gewürz- und Salzmischungen!

z. B. mittags:	1 Folienkartoffel mit selbst gemachter Kräuterbutter + unbegrenzt Salat und/oder Gemüse
Zwischen-mahlzeit:	Salat, Gemüse, Knabberschale Rohkost oder nur 5x 1 Cherrytomate, Paprika oder sonstige Rohkost – evtl. 1 Stück Topfkuchen oder Butterplätzchen, ohne Schokolade und Nüsse
z. B. abends:	Reis-Gemüse-Pfanne und/oder unbegrenzt Salat, Rohkost
bis zur Bettruhe:	Salat, Gemüse, Rohkost

OBST

Ananas
Äpfel
Aprikosen
Brombeeren
Birnen
Erdbeeren
Galiamelonen
Himbeeren
Honigmelonen
Johannisbeeren
Kirschen
Kiwis
Mandarinen
Nektarinen
Orangen
Pampelmusen
Pfirsiche
Stachelbeeren
Wassermelonen

Galia- oder Honigmelonen max. ½ pro Tag

. . . diverse exotische Früchte

Bananen, Datteln, Feigen, Mangos, Papayas, Pflaumen, Trockenobst, Weintrauben, Zuckermelonen, Ananas-Saft und Traubensaft nur bei Gewichtszunahme und -erhaltung

GEMÜSE & SALATE

Artischocken
Blumenkohl
Broccoli
Chinakohl
Eisbergsalat
Endiviensalat
Feldsalat
Ruccolasalat
Karotten
Batavia
Knoblauch
Kohlrabi
Lauch
Mangold
Paprika, rot, gelb, grün
Peperoni
Radieschen
Rhabarber
Rosenkohl
Rote Bete
Salatgurke
Sellerie
Spargel
Spinat
Lollo Rosso
Tomate
Weißkohl
Wirsing
Zucchini
Zwiebel

Aubergine	**sehr fetthaltig!**
Mais	**zucker- und stärkehaltig!**
Pilze, diverse	**sehr stärkehaltig!**

Hinweise bitte in der 2. Kursstunde beachten!

Kohlenhydrat-Rezept

Sauerkraut-Kartoffel-Suppe

400 g vorwiegend festkochende Kartoffeln
1 Zwiebel
250 g frisches Sauerkraut
3 EL Sonnenblumenöl
1 l Gemüsebrühe (bitte nur Frugola ohne Hefe)
2 kleine Möhren
Salz, weißer Pfeffer, gemahlener Kümmel

Gewaschene Kartoffeln schälen und in 2 cm große Würfel schneiden. Geschälte Zwiebeln fein hacken. Zwiebelwürfel in Öl anbraten. Kleingeschnittenes Sauerkraut zufügen und kurz andünsten. Kartoffeln zufügen, alles mit der Gemüsebrühe aufgießen und knapp 20 Minuten köcheln lassen. Mit Salz, Pfeffer und, je nach Geschmack, mit Kümmel abschmecken. Möhren schälen und roh über die Suppe raspeln.

Kohlenhydrat-Rezept

Reis-Paprika-Pfanne

Reis
Paprika rot, gelb, grün
Zwiebel
Salz
Pfeffer
etwas Butter

Dazu Kopfsalat mit der Salatsoße 1. Woche.

Je nach Personenzahl individuelle Mengen.

Neutrales Rezept

Kräuterbutter

Butter, evtl. eine Prise Salz
Kräuter nach Geschmack,
Paprika scharf,
evtl. Tabasco grün
mit oder ohne Knoblauch und Zwiebeln

Das alles sehr gut vermengen.

Persönliche Notizen – Gewicht

Tage	1.	2.	3.	4.	5.	6.	7.
Datum							
Gewicht							
Gewichts- stillstand							
Gewichts- zunahme							

Persönliche Notizen – Maße

Tage	1.	2.	3.	4.	5.	6.	7.
Datum							
Arme							
Brust							
Taille							
Bauch							
Becken							
Po							

Persönliche Notizen – Maße

Tage	1.	2.	3.	4.	5.	6.	7.
Datum							
O.-Schenkel							
Knie							
Wade							
Fußgelenk							

Persönliche Notizen

2. Kursstunde

Einen wunderschönen guten Tag, liebe Leserin, lieber Leser!

Sie haben jetzt 2 Tage mit Ihrer Ernährungsumstellung gelebt.

Mich interessiert nun sehr, wie es Ihnen geht und wie Sie sich fühlen. Sie dürften jetzt zwischen 1 und 3 kg Gewicht reduziert haben. Ein schönes Ergebnis für diese kurze Zeit. Der unterschiedliche Gewichtsverlust ist von Ihrem Stoffwechsel abhängig.

Sie haben in den 2 Tagen auch Wasser verloren, doch seien Sie unbesorgt, auch Ihre Fettpölsterchen haben zu schmelzen begonnen.

Wenn Sie 2–3 kg abgenommen haben, zeigt mir das, dass Ihr Stoffwechsel optimal funktioniert und dass Sie sich fast ausschließlich von wasserhaltigen Lebensmitteln wie Obst, Salat, Rohkost oder Gemüse ernährt haben.

Die wasserhaltige Kost hat Ihren Stoffwechsel auf Hochtouren gebracht, dadurch die gute Verbrennung und das tolle Ergebnis von 2–3 kg.

Ich hoffe, die empfohlenen Rescue-Tropfen von Bachblüten konnten Ihnen bei beginnendem Kopfschmerz sofort helfen oder ihn zumindest lindern, so dass Ihre Entgiftungsphase so angenehm wie möglich für Sie war.

Ich erwähnte bereits in der ersten Stunde, dass dies oft ein Zeichen für den schwankenden Blutdruck ist, da Ihr Körper zurzeit auf Hochtouren arbeitet.

Sehen Sie diese kleinen Entgiftungsphasen bitte positiv. Es zeigt Ihnen, dass Ihr Körper angefangen hat, sich zu entgiften, und dies ist nur zum Vorteil für Ihre Gesundheit und Ihre Gewichtsreduktion. Trinken und essen Sie regelmäßig. Dann geht es Ihnen schnell wieder gut.

Wenn Sie 500 g–1 kg abgenommen haben prüfen Sie bitte, ob Sie daran gedacht haben, mindestens alle 2 Stunden ein Glas Wasser zu trinken, und dass Sie vor allem, über den Tag verteilt, regelmäßig gegessen haben.
Wenn Sie dieses beherzigt haben, können Sie davon ausgehen, dass Ihr Stoffwechsel gut arbeitet und Ihr Körper entgiftet wird. Da wir Menschen sind und keine Maschinen, arbeitet auch unser Stoffwechsel unterschiedlich.

Himalaja-Salzstein

Der Himalaja-Salzstein, erhältlich z. B. in Bio- und Reformhäusern, kann sehr hilfreich bei Kopfschmerzen und Schwindel sein und ist sehr wichtig für Ihre Gesundheit, denn unser Körper benötigt Salze und Mineralstoffe. Kochsalz dagegen im Übermaß kann jedoch gesundheitsschädlich sein.
Deshalb empfehle ich Ihnen einen Himalaja-Salzstein, an dem Sie bitte lecken. Sobald Ihnen dieser Salzgeschmack unangenehm wird, ist Ihr persönlicher Salzbedarf gedeckt. Dieses probieren Sie bitte mehrfach am Tag aus, denn je wasserhaltiger Sie essen und je mehr Urin Sie ausscheiden, wodurch Sie viele Mineralstoffe und Salze verlieren, desto höher ist Ihr Bedarf.

Informationen zu Ihrem Monatszyklus

Wenn Sie, liebe Leserin, jetzt Ihren Zyklus haben oder in wenigen Tagen Ihre Periode erwarten, staut sich in Ihrem Körper zurzeit das Wasser, und auch eine verstärkte Entgiftungsphase mit Übelkeit, starker Migräne, kann möglich sein.

Momentan haben Sie deshalb eine geringere Gewichtsabnahme, aber nach Ihrem Zyklus fließen Ihre Pfündchen dann wieder um so schneller.

Aber es ist jetzt schon eine Verbesserung, wenn Sie in dieser Phase 500 g abgenommen haben. Viele Frauen berichten, dass Sie vor der Ernährungsumstellung immer eine Gewichtszunahme von 1–2 kg hatten. Darum sind 500 g Gewichtsreduktion jetzt auch schon ein schöner Erfolg!

Sollte sich Ihr Monatszyklus im Rhythmus ändern, kann das mit dem Reinigungsprozess in Ihrem Körper zusammenhängen. Bleibt Ihre Periode länger aus, suchen Sie bitte Ihren Arzt auf, um eine Hormonstörung oder Schwangerschaft auszuschließen.

Prüfen Sie bitte bei Zwischenblutungen, ob es an Ihrem Hormonstäbchen liegt, falls Sie eines haben.

Wichtige Information bei Schilddrüsenerkrankung und Hormoneinnahme

Wenn Sie an einer Schilddrüsenerkrankung leiden oder noch andere Hormone außer der Antibabypille zu sich nehmen und erst nur bis zu 500 g abgenommen haben, folgen Sie bitte meinem Rat, damit sich auch bei Ihnen der Erfolg einstellen kann, und suchen Sie eine/n Naturheilärztin/-arzt oder Heilpraktiker/in auf, die/der Sie auf natürliche homöopathische Mittel umstellt.

Auch wenn Ihre letzte Einstellung erst 1–3 Monate zurückliegt, bei Ihrer Ernährungsumstellung verändert sich vieles schnell zum Positiven, so dass diese Dosierung Ihren Körper unter Umständen nicht mehr optimal unterstützt.

Haben Sie daran gedacht, auch mit Ihren anderen Medikamenten zum Naturheilarzt zu gehen?

Diverse Zusätze in Ihren Medikamenten können eine Behinderung bei Ihrer Gewichtsabnahme sein.
In der Naturheilmedizin gibt es meistens eine Alternative, die sich auch positiv auf Ihre Gewichtsabnahme auswirkt. Deshalb lassen Sie sich in Ihrem eigenen Interesse auf Naturheilmittel umstellen. Dann kann sich auch bei Ihnen der gewünschte Erfolg einstellen.

Hinweis bei homöopathischen Mitteln:

Sprechen Sie bitte Ihren Naturheilarzt auf homöopathische Mittel in Tropfenform an, z. B. von der Fa. DHU, weil darin keine weiteren Zusätze enthalten sind.
Globulis, die Milchzucker, Lactose, Weizen- oder Maisstärke oder andere Zusätze enthalten, sind eine Behinderung und lösen erfahrungsgemäß auch Allergien aus bei denjenigen, die auf Weizenstärke oder Lactose reagieren.

Meine Erfahrungswerte mit der Naturheilmedizin sind sehr positiv.

Erfahrungsgemäß fühlen die Teilnehmer sich sofort gut nach einer Umstellung auf pflanzliche Arzneimittel. Nach 2–3 Tagen hat sich in der Regel der Stoffwechsel so eingestellt, dass Sie genau so schnell und gut abnehmen wie die anderen Teilnehmer. Sowohl bei einer Über- oder Unterfunktion der Schilddrüse als auch bei Hormonmitteln.

Haben Sie den Versuch evtl. schon einmal vor Ihrer jetzigen Ernährungsumstellung gestartet und nicht den gewünschten Erfolg gehabt?

Dann testen Sie es jetzt bitte noch einmal, weil bei Ihrer neuen Ernährungsumstellung in Ihrem Körper vieles positiv aktiviert wird und pflanzliche Arzneimittel dadurch eine viel bessere Wirkung haben können.

Denken Sie bitte daran, Sie persönlich haben jetzt die Verantwortung für Ihren Körper und für Ihr Wohlbefinden übernommen.

Darüber freue ich mich sehr.

Sie haben Völlegefühl, Blähungen, innere Unruhe oder Frieren wahrgenommen?

Das hängt mit Ihrer Entgiftungsphase zusammen und zeigt Ihnen, dass Ihr Stoffwechsel auf Hochtouren arbeitet.
In Ihrem Körper wird jetzt richtig Hausputz gehalten.
Sogar männliche Teilnehmer berichteten mir, dass Sie sich zeitweise mit Decke und Wärmekissen warm halten mussten.

Wassereinlagerungen

Viele Teilnehmer berichten mir schon nach diesen 2 Tagen, dass Ihre Ringe und Schuhe wieder besser passen.

Sie schlafen zurzeit unruhig?

Dann versuchen Sie es bitte mit einem kleinen Abendspaziergang, einer warmen Dusche oder einem warmen Bad. Das wird Ihnen die nötige Ruhe geben, anschließend einen leckeren Rooibostee, entspannende Musik und Rescue-Tropfen und Sie werden höchstwahrscheinlich wunderbar schlafen.

Haben oder hatten Sie Verdauungsbeschwerden?

Auch kann es in der Anfangsphase vorkommen, dass Ihre bisher gute, regelmäßige Verdauung aus dem Rhythmus gerät. Ihre Verdauung reguliert sich jedoch meist nach 1–2 Wochen wieder.

Natürliche Maßnahmen bei Verdauungsbeschwerden:

In dieser Zeit trinken Sie bitte morgens 1 Glas lauwarmes Wasser und essen anschließend 1–2 ungeschwefelte Trockenpflaumen (nur bei Verdauungsproblemen, ansonsten erst nach der Reduktionszeit), erhältlich in Biogeschäften, Reformhäusern oder auch schon in einigen Supermärkten vertreten.

Ebenfalls sind Berberitzenbeeren, aus Ihrer Apotheke oder über den EVIVA-Verlag erhältlich, sehr hilfreich.
Berberitzenbeeren, die Meisterreiniger, eignen sich nicht nur für eine regelmäßige Verdauung, sondern sie säubern und entleeren Ihren Darm gründlich.

Weiterhin haben sie einen hohen Vitamin-C-Anteil und eine entzündungshemmende Wirkung.
Die Berberitzenbeeren helfen nicht nur bei Verdauungsproblemen, sondern auch bei vielen anderen Beschwerden wie Rheuma, Gicht und Gelenkproblemen.
Weiterhin können sie das Bindegewebe und die Muskulatur kräftigen.
Sie haben eine stark entgiftende Wirkung auf Ihren gesamten Organismus und somit eine positive Wirkung bei allen Gefäßerkrankungen und bei der Krebstherapie.

Eine wunderbare kleine Nachlesebroschüre:
Berberitzenbeeren – Die Meisterreiniger, EVIVA-Verlag.

Anschließend ist es empfehlenswert, ½ Honigmelone oder 1 Stück Wassermelone zu verzehren. Danach müssten Sie in der Regel wieder Verdauung haben, weil diese Früchte eine entschlackende Wirkung haben.

100 % Spirulinaalgen sind auch sehr entschlackend, verdauungsfördernd und haben viele wertvolle Inhaltsstoffe, die Ihnen zusätzliche Kraft und Energie geben können.
6–8 Presslinge sind mit viel Wasser einzunehmen.
Bitte achten Sie darauf, nur 100 % Spirulinaalgen zu kaufen, absolut ohne irgendwelche Zusätze! Auch über den EVIVA-Verlag erhältlich oder in Bio-Geschäften.

Ebenfalls können Sie ab mittags frisches oder gekochtes Sauerkraut essen oder Sauerkrautsaft trinken. Das Sauerkraut kommt nach Ihrem Obstverzehr in den leeren Magen, daher hat es dann eine sehr entschlackende Wirkung.

Artischockensaft, erhältlich in Biogeschäften und Reformhäusern, hat ebenfalls diese Wirkung.

Sehr empfehlenswert ist auch die Urin-Therapie

Leiden Sie unter irgendwelchen Erkrankungen oder Beschwerden, dann rate ich Ihnen dringlichst zur Urin-Therapie. Ich weiß, einige Leserinnen oder Leser denken jetzt „igitt!“. Aber es ist der natürlichste und wertvollste Saft, der gegen fast alle Beschwerden eine hilfreiche und oft 100-%ige heilsame Wirkung erzielt.

Trinken Sie jeweils von Ihrem 1., 2. und 3. Morgenurin ein Schnapsglas voll. Das ist nach meinen Erfahrungswerten eine sehr gute vorbeugende Dosierung.

Bitte freunden Sie sich mit dieser natürlichen Methode an. Mit Ihrer Ernährungsumstellung aktivieren Sie Ihre Heilkräfte, aber mit der Einnahme Ihres Eigenurins haben Sie noch viel schnellere Gesundheitsergebnisse und vor allem eine wirksame Vorbeugung bei vielen Infekten und diversen Erkrankungen.

Lassen Sie erst etwas Urin in die Toilette und fangen dann in einem Becher den Mittelstrahl auf. Sie können ihn erst abkühlen lassen, ihn aber auch sofort in Ihren Orangensaft oder Apfelsaft mischen.

Ihr Urin ist in der Regel steril, sollten Sie eine bakterielle Entzündung haben, so können Sie nach meinen Erfahrungswerten der letzten Jahre, da mir keine negativen Begleiterscheinungen berichtet wurden – im Gegenteil, sofortige Linderung der Beschwerden bekam ich als Rückmeldung – trotzdem Ihren Urin verwenden. Aber bitte dosieren Sie geringer, damit Ihre evtl. Erstverschlimmerung so angenehm wie möglich ist. Wenn Sie irgendwelche Gegenstände anfassen oder an einer verkehrsreichen Straße die Luft atmen, kommen Sie mit wesentlich mehr Bakterien in Berührung.

In den letzten Jahren wurden auch keine negativen Begleiterscheinungen bei zusätzlich gleichzeitiger Medikamenteneinnahme beobachtet. Lassen Sie sich diesbezüglich bitte von Ihrem Naturheilarzt beraten.

Wiederum bei Antidepressiva sollte die Dosierung 3x täglich nicht überschritten werden.

Bei diesen speziellen Fragen helfen Ihnen auch gerne Urintherapeuten weiter, die im Anhang aufgelistet sind.

Weiterhin können Sie mit Ihrem Urin einen Einlauf machen, bei dem Sie den Urin mindestens 15 Minuten im Darm belassen.

Wiederholen Sie den Einlauf so oft, bis sich Ihre gewünschte Darmentleerung einstellte.

Auch eine Bauchmassage mit Urin fördert die Verdauung und lindert evtl. Blähungen.
Geben Sie dazu etwas Urin in Ihre Handfläche und massieren Sie damit Ihren Bauch.

Leiden Sie jedoch schon Jahre unter Verdauungsbeschwerden, und diese natürlichen Maßnahmen sollten in den nächsten Tagen nicht die gewünschte Wirkung haben, bitte ich Sie dringlichst, dass Sie sich eine Darmspülung bei einem/einer Heilpraktiker/in oder Naturheilarzt/-ärztin verabreichen lassen. Diese Anwendung, verbunden mit einer Bauchmassage, ist sehr angenehm.

Sie werden sich je nach Beschwerden nach 1–3 dieser Anwendungen wesentlich besser fühlen, wo Sie Jahre unter Verstopfung gelitten haben. Denn es sollte für Sie sehr wichtig und natürlich sein, dass Sie jeden Tag mindestens 1x Verdauung haben.

Wenn Sie Ihre Ernährungsumstellung einige Wochen praktiziert haben, sollte eine Verdauung zwischen 3- und 5x täglich normal sein.

Dann erleben Sie wieder ein Wohlgefühl, was Ihnen jahrelang durch unregelmäßige oder tagelange Verstopfung verloren gegangen ist.

Ich finde es immer wieder erschreckend, dass Menschen es als normal empfinden, wenn sie nur im Abstand von Tagen oder vielleicht nur 1x pro Woche Verdauung haben.

Denken Sie bitte immer daran, was dann alles in Ihrem Körper gärt, und wie viele Giftstoffe sich dann in Ihrem Darm befinden.

Ein gesäuberter und regelmäßig entleerter Darm ist sehr wichtig für Ihre Gesundheit und Ihr Wohlbefinden.

Bitte gehen Sie zur Darmspülung, Sie fühlen sich dann wirklich wieder um einiges besser. Aber bitte halten Sie sich danach an die Grundregeln der natürlichen Gesundheitslehre, denn eine Darmspülung sollte nicht zum Regelfall werden, weil damit auch wertvolle Bakterien herausgespült werden.

Sie haben die Verantwortung für Ihren Körper, bitte tun Sie etwas für sich.

Rooibostee (Rotbuschtee)

Weiterhin ist für Ihr Wohlbefinden Rooibostee empfehlenswert.
Er kann Ihnen bei Kopfschmerzen, nervösen Verspannungen, Schlafstörungen, Reizbarkeit, leichten Depressionen

helfen, da er einen beruhigenden Einfluss auf das zentrale Nervensystem hat.

Rooibostee enthält krampflösende Wirkstoffe, die Blähungen und Magenkrämpfe lindern können. Weiterhin enthält er wertvolle Mineralien, die sich positiv auf Ihren Stoffwechsel und Ihre Haut auswirken.
Rooibostee empfiehlt sich als Heiß- und Kaltgetränk und ist auch bei Kindern sehr beliebt. Er schmeckt sehr gut auch ohne Süßungsmittel und ist damit ein schmackhaftes Getränk für den ganzen Tag und hemmt sogar nach meinen Erfahrungswerten je nach Sorte den Heißhunger auf Süßes. Abends ist er ein ausgezeichnetes Entspannungsgetränk.

Bitte achten Sie bei Ihrem Teekauf auf Folgendes:
Teesorten mit Früchten nur zu Obstmahlzeiten trinken. Es sollten außer Früchte keine weiteren Inhaltsstoffe enthalten sein:
Rooibos, Erdbeeren – o.k.
Rooibos, Erdbeeren, Sahne – nein.
Grünen Rooibostee und Rooibos-Vanille können Sie den ganzen Tag trinken.
Karamell, Toffee-Traum und sonstige süße Verführungen bitte meiden. Sie bekommen durch diese Aromen wieder Heißhunger auf Süßes.

Rooibostee ersetzt auch beim Backen jede andere Flüssigkeit und verleiht dem Gebäck zusätzlich Farbe. Außerdem ist er in der Küche einsetzbar zum Verfeinern von Suppen und Eintöpfen.

Ab sofort vegetable Früchte als Ergänzung zu Ihrem Obstfrühstück:

Es gibt vegetable Früchte, die sowohl zum Obst gegessen werden dürfen, als auch in Kombination mit anderen Lebensmitteln.

Bitte merken Sie sich die Tomate, Salatgurke, Paprika (rot, gelb, grün), Zwiebel und nach Ihrer Gewichtsreduktion auch die Avokado.

Gehören Sie zu den Lesern, die keine Gewichtsreduktion wünschen oder an Gewicht zunehmen möchten, dürfen Sie auch ab sofort Avocados essen.

Die Avocado enthält viel Vitamin B, ist aber auch sehr fetthaltig, daher nicht zur Gewichtsreduktion geeignet. Das heißt, Sie dürfen ab sofort morgens z. B. Ihren Apfel essen, anschließend Tomate oder ein Stück Paprika verzehren. Die vegetablen Früchte dürfen Sie auch gerne würzen. Deshalb eine schöne Variante für Ihren Tagesablauf.

Mittags nach Ihrem Obstverzehr wäre es jetzt auch möglich, sich einen Salat aus Tomate, Salatgurke und Paprika zuzubereiten.

Wenn Sie nur die vegetablen Früchte nehmen, die ich erwähnte, dann könnten Sie diesem Salat Zitronensaft, Olivenöl, Pfeffer, Salz, Zwiebeln und Kräuter zufügen.

Die Kombination der vegetablen Früchte können Sie auch in der Pfanne garen und mit Johannisbrotkernmehl abschmecken. Das Rezept finden Sie auf Seite 88.

Anschließend dürfen Sie als Nachtisch einen süßen Obstsalat essen, z. B. Pfirsich, Melone, Erdbeeren usw.

Sie werden feststellen, wie gesättigt Sie sind und wie fit Sie sich fühlen.

So können Sie bis zum Abend weiterhin Obst oder vegetable Früchte essen und Obstschorle oder Säfte trinken.

1 Glas Orangensaft, 1 Glas heiße Zitrone oder Rooibostee, dazu 1/2 Ananas, evtl. Erdbeeren, Clementinen (je nach Jahreszeit) und Kiwis sind am Nachmittag ein herrlicher Genuss und eine tolle Alternative zum herkömmlichen Süßen.

Damit würden Sie z. B. Ihren Heißhunger auf Süßes überlisten!

Sobald Sie kein Obst oder keine vegetablen Früchte mehr verzehren möchten, brauchen Sie nur 10–30 Minuten zu warten, und das Obst oder die vegetablen Früchte haben Ihren Magen wieder verlassen, und Sie könnten anschließend z. B. Bratkartoffeln und Salat essen.

Bitte denken Sie nicht, wenn Sie Tomaten, Salatgurke, Paprika oder auch die Avocado mit Obst gemeinsam verzehren dürfen, dann könnten Sie auch Radieschen, Mohrrüben oder Ähnliches dazu essen. **Nein!!!**

Die vegetablen Früchte verlassen genauso schnell den Magen wie Ihr typisches Obst, da sie auch sehr wasserhaltig sind. Andere Rohkost bleibt 2–3 Stunden in Ihrem Magen, und das könnte mit dem gleichzeitigen Verzehr von Obst wieder zu einem Gärprozess führen, woraus wiederum Giftstoffe entstehen. Vegetable Früchte dürften daher den ganzen Tag sowohl zum Obst, als auch zu anderen Lebensmitteln kombiniert werden. Im Gegensatz zum typischen Obst entstehen keine Gärprozesse.

Also bitte nur Tomate, Salatgurke, Paprika, Avocado und die Salatsauce, wie auf Seite 32 beschrieben, mit Obst kombinieren.
Essen Sie nur diesen vegetablen Salat, dürfen Sie zum Säuern Zitrone verwenden.

Avocado ist nur für Sie, liebe Leserin und lieber Leser, zurzeit aktuell, wenn Sie kein Gewicht verlieren möchten.

Gewisse Dinge werden Sie wiederholungsmäßig in verschiedenen Kursstunden nochmals lesen, so dass Sie sich diese Dinge wirklich in Ihrem Unterbewusstsein speichern können.

Lesen Sie bitte zwischendurch zusätzlich nochmals die 1. Kursstunde, weil darin sehr viele Informationen enthalten sind, so dass diese Infos nach 5 Wochen in Ihrem Unterbewusstsein fest verankert sind.

Deshalb bleiben Sie bitte frei von Frust auf sich, selbst wenn Sie evtl. einen Fehler machen und gehen bitte liebevoll mit sich um. Im Laufe der weiteren Kursstunden wird das Umsetzen der neuen Ernährungsweise immer einfacher und verständlicher für Sie.

Tagesplan 3. Tag:

Ihr Tagesplan für morgens sieht so aus:

Bis Mittag oder so lange wie Sie möchten Obst, den restlichen Tag Rohkost, Gemüse, Salat und 2 große Scheiben Brot oder Brötchen.

Ihre Brote oder Brötchen dürfen Sie wie folgt belegen:

Gute Butter oder Kräuterbutter, Salat, Salatgurke, Tomate, Radieschen, Zwiebel, Gewürze.

Wie Sie Ihre Brotmahlzeit über den Tag verteilen, können Sie individuell bestimmen.

Entweder 2 Brötchen mittags oder 2 Brötchen abends oder jeweils eine Brotmahlzeit mittags und eine abends.

Brot und Brötchen sollten aus Roggen, Dinkel oder aus schwarzem Vollkornbrot bestehen, ohne Nüsse, Sonnenblumenkerne, Sesamsamen und Kürbiskerne.

Diese Samen sind zwar sehr wertvoll, aber nicht im Zusammenhang mit Brot.

Weißmehlbrote und Brötchen meiden Sie am besten, da viele Menschen allergisch auf Weizen reagieren.

Sie werden feststellen, mit den anderen Getreidesorten werden Sie sich auch gesättigter fühlen.

Bitte fragen Sie in Ihrer Bäckerei nach Brötchen oder Brot, die aus 100 % Roggen und Dinkel bestehen. Oft ist nicht klar deklariert, dass Roggen- und Dinkelbrötchen oder -brote einen gewissen prozentualen Anteil an Weizen enthalten.

Wenn Ihre Verkäuferin Ihnen keine genaue Auskunft geben kann, fragen Sie bitte nach der Liste, die in jedem Geschäft vorhanden sein müsste, woraus die Inhaltsstoffe ersichtlich sind.
Als Allergiker haben die meisten Menschen sofort Beschwerden, wenn Sie Roggenbrötchen oder -brote essen, in denen ein gewisser Teil Weizen enthalten ist.
Und fragen Sie auch nach, ob gemahlene Körner enthalten sind. Denn wenn Sie Körner und Samen im Brot essen, haben Sie eine Blockade bei der Gewichtsabnahme.

Fragen Sie bitte kritisch nach, es geht hier um Ihren Körper und Ihre Gesundheit.

Je mehr Menschen bewusst hinterfragen, was Sie kaufen, wofür Sie Ihr Geld ausgeben, und das Wichtigste, womit Sie Ihren Körper nähren, um so mehr wird sich auf die Bedürfnisse der Verbraucher umgestellt.

Denn die wichtigste Frage für Sie ist:
„Womit nähre ich meinen Körper überhaupt?"

Andere konzentrierte Lebensmittel wie Kartoffeln, Nudeln, Reis sollten Sie heute, am 3. Tag, bitte nicht essen.

Der heutige Tag dient als Brot-Test.

Sie denken jetzt vielleicht verwundert: „Warum Brot-Test?"

Hierzu einige Erklärungen:
Brot kann bei vielen Menschen eine Sucht auslösen, weil Brot sich im Körper in Zucker wandelt. Das bedeutet: 1 Scheibe Brot wäre gleichzusetzen mit 1 Stück Kuchen oder anderem Süßen.

Leben Sie gesund und können Gewicht verlieren, wenn Sie täglich 2–3 Stücke Kuchen essen???

Damit erklärt sich Ihnen auch schon, warum Sie in der Vergangenheit nicht Ihren gewünschten Gewichtsverlust hatten oder wieder sehr schnell zugenommen haben.

Brot, gerade ganz frisch, ist natürlich sehr lecker und verlockend.
Frisches Brot, gute Butter, Tomate, welch ein Genuss. Jedoch könnten Sie davon 3–5 Scheiben verzehren, und Sie würden immer noch nicht die richtige Sättigungsgrenze verspüren.
In der natürlichen Gesundheitslehre wird immer wieder erklärt, wie sehr Brot die Innenorgane verkleben und verschleimen kann.

Zusätzlich reagieren meist 70 % der Frauen jedoch auch einige Männer mit einer Gewichtszunahme oder einem Gewichtsstillstand, wenn sie Brot verzehren.
Und das hängt mit ihrem Wasserhaushalt zusammen, der durch viele Diäten, Medikamenteneinnahme und falsche Ernährungsweise gestört sein kann.

Daher heute dieser Test.

Sie wissen, was Sie bis jetzt abgenommen haben, und sehen morgen früh auf Ihrer Waage, ob ein Gewichtsverlust, ein Stillstand oder evtl. sogar eine Gewichtszunahme durch den Brotverzehr erfolgte.

Sollten Sie an Gewicht weiterhin reduziert haben, können Sie ab und an Brot verzehren, aber bitte denken Sie daran, es ist so, als würden Sie Kuchen essen!

Hinweis für Schilddrüsen- und Diabetes-Erkrankte:

Vom gesundheitlichen Aspekt, vor allem bei diesen Erkrankungen, ist vom Brotverzehr abzuraten.
Meine Erfahrungswerte sind immer sehr eindeutig: Seminarteilnehmer, die diese Ratschläge befolgten und Brot drastisch reduzierten oder ganz wegließen, hatten sehr schnell deutliche gesundheitliche Verbesserungen.
Besonders ist auch bei Diabetikern immer wieder zu beobachten: Sobald sie Brot verzehrten, schnellte der Zuckerspiegel sofort wieder in die Höhe.

Haben Sie einen Gewichtsstillstand oder sogar eine Gewichtszunahme, sind Sie bitte dankbar dafür, dass Sie dieses erkennen durften, weil das ein wichtiger Punkt ist, warum Sie in der Vergangenheit nicht dauerhaft Gewicht verloren haben.

Daher: Wenn Sie auf Brot reagieren, essen Sie dieses bitte in Ihrer Reduktionszeit nur, wenn Sie absoluten Heißhunger darauf haben.
Hier ist jedoch Vorsicht geboten: Wenn Sie wieder Brot essen, wird diese Sucht genauso wie bei der Schokolade, die bei sehr vielen Menschen Süchte auf Süßes bewirkt, wieder ausgelöst.

Wenn Sie 3 Tage ohne Schokolade oder Brotverzehr geschafft haben, ist die erste Suchtgefahr bei den meisten Menschen vorbei.

Daher empfehle ich immer gerne, anstatt Brot zu essen, lieber eine Mahlzeit mit Bratkartoffeln oder 1 Folienkartoffel mit selbst gemachter Kräuterbutter zu speisen.

Ich finde, dies ist eine leckere Alternative zu Brot.

Deshalb können Sie jetzt auch ermessen, warum nur, wenn überhaupt, die Gemüsebrühe Frugola verwendet werden sollte. Sie ist frei von Hefe und tierischen Fetten.

Pilze und Mais testen Sie bitte ebenfalls einmal in der nächsten Woche, da diese Gemüsesorten sehr stärkehaltig sind und einige Menschen auch hierauf reagieren.
Mais sollten Sie wegen seines eigenen Zuckergehalts nur mit Salat oder Kohlenhydraten kombinieren. Eine Eiweiß-Mahlzeit wie z. B. Fleisch und Mais wäre eine Behinderung der Gewichtsreduktion.

Daher ist die Waage auch zu Ihrem Freund geworden, weil sie Ihnen anzeigt, individuell und persönlich, welche Lebensmittel bisher für Sie eine Blockade waren, um dauerhaft Gewicht zu verlieren und zu halten.

Um Ihren Wasserhaushalt auf Dauer ins Gleichgewicht zu bringen, kann ich Ihnen aus meiner Erfahrung empfehlen, Natrium-Chloratum D6 (homöopathisches Arzneimittel) von der Firma DHU zu nehmen, erhältlich in Ihrer Apotheke. Aber bitte nur von der Firma DHU, weil bei anderen Firmen bei dem gleichen homöopathischen Mittel evtl. Zusätze wie Weizenstärke oder Lactose enthalten sind. Dadurch könnte bei Ihnen keine Gewichtsabnahme erfolgen oder dass durch die Weizenstärke eine allergische Reaktion hervorgerufen würde. Die Tropfen enthalten Alkohol und wären bei einem vorherigen oder bestehenden Alkoholproblem nicht ratsam. Sprechen Sie dieses bitte mit Ihrem Naturheilarzt oder Heilpraktiker ab.
Wie Sie persönlich dieses Mittel dosieren, sprechen Sie bitte ebenfalls mit Ihrem Naturheilarzt oder Heilpraktiker ab. Meine Erfahrungswerte mit der Dosis 3x 5 Tropfen täglich in

etwas Wasser, mindestens 1 Monat lang, danach, wenn noch erforderlich, 1x 5 Tropfen täglich waren sehr hilfreich.

Jedoch können Sie auch schon nach 2 Wochen testen, ob Sie Gewicht reduzieren, obwohl Sie Brot gegessen haben. Dadurch können Sie feststellen, ob sich Ihre Wasseransammlungen und Ihr Wasserhaushalt reguliert und normalisiert haben.
Wenn ja ist dies trotz allem kein Freisignal, wieder täglich Brot zu verzehren, aber ab und an könnten Sie dann Brot genießen ohne Gewichtszunahme.

Tagesplan ab dem 4. Tag:

Ab dem 4. Tag dürfen Sie wieder Fleisch, Fisch, Geflügel, Eier und Wild essen.

Dann könnte Ihr Tagesplan folgendermaßen aussehen:

Bis mittags oder so lange Sie mögen: Obst.

Ab mittags: Tunfischsalat in eigenem Saft oder mit Öl.

Nachmittags: Rohkost, Salat, Gemüse.

Abends: Rührei mit Spinat, entweder frischer Spinat oder aus der Gefriertruhe, aber bitte ohne fertige Soße. Sie dürfen den Spinat mit Butter oder Gemüsebrühe verfeinern und Johannisbrotkernmehl als Bindemittel verwenden.

An den Tagen, wo Sie Eiweißgerichte essen wie Fleisch, Fisch, Geflügel, Ei und Wild bitte keinerlei Süßes zu sich nehmen, weil Sie dann einen Stillstand oder eine Gewichtszunahme hätten.

Bitte jetzt in der 1. Woche noch keine Sahne, Schmand oder Ähnliches verwenden.

2. Tagesbeispiel:

Bis mittags oder so lange Sie mögen:
Obst.

Ab mittags: 1 Stück Lachs mit Spargel und selbst gemachter Kräuterbutter.

Nachmittags: Rohkost, Salat, Gemüse.

Abends: Steak mit Salat oder Weißkohlgemüsepfanne mit Gehacktem.

Bitte denken Sie wieder daran, keine Gewürzmischungen zu verwenden, da diese meist Glutamat, Monoglutamate enthalten und Sie dadurch keine Gewichtsreduktion verbuchen könnten.

Sie können alles richtig verzehren und nehmen nur eine Prise, in der Geschmacksverstärker enthalten sind, schon haben Sie in der Regel keinen Gewichtsverlust.

Sie denken zurzeit vielleicht noch: „Diese Kleinigkeit kann doch nicht diese Wirkung haben", aber genau diese Kleinigkeiten sollten Sie beherzigen, umso schneller verlieren Sie Gewicht und fühlen sich wieder wohl.

Sie kochen zum Beispiel Roulade normalerweise mit Schinken oder Speck, Gewürzgurke und Senf, als Beilage haben Sie Wirsinggemüse gewählt.

Am nächsten Tag zeigt die Waage 500 g mehr an, und Sie wundern sich: „Warum?" Sie sind der Ansicht, dass Sie alles richtig zubereitet und verzehrt haben.

Speck und Schinken enthalten meistens Zucker oder Süßstoffe, bitte erst nachfragen. Einige Schinken sind jedoch frei von diesen Zusätzen und dürfen zur Eiweißmahlzeit verzehrt werden.
Ist Zucker enthalten, wäre es eine Kombination von Eiweißen und Kohlenhydraten und Sie hätten keine Gewichtsreduktion.

Gewürzgurken und Senf enthalten meistens Essig = Eiweiß und Zucker = Kohlenhydrate. Damit haben Sie immer eine Blockade sowohl im gesundheitlichen Bereich als auch in der Gewichtsreduktion.

In der 1. Stunde erwähnte ich bereits, Sie sollten bitte Erbsen, dicke Bohnen und Kidneybohnen meiden.

Dieses Gemüse enthält sowohl Eiweiß als auch Kohlenhydrate.

Im Volksmund sagt man zwar: „Jedes Böhnchen ergibt ein Tönchen“, doch unser Körper findet das gar nicht lustig. Er rebelliert auf stärkste Weise, bei manchen Menschen sogar mit starken Koliken.
Das zeigt Ihnen, dass der Körper diese Zusammensetzung einfach nicht verträgt.

Es wurde irgendwann von irgendjemandem erfunden, dass Kartoffeln zusammen mit z. B. Fleisch, Fisch, Geflügel, Eier und Wild gut schmecken. Jedoch das allgemeine Wohlbefinden leidet darunter.

Wenn Sie sich in Ihrer Familie, im Bekannten- und Freundeskreis umschauen, stellt sich die berechtigte Frage: „Wer ist wirklich schlank und gesund?“

Es werden so viele Krankheitsbeschwerden als normal abgetan. Man hat hier und da ein Wehwehchen. Doch das sollte nicht so sein.

Ihr göttliches Geburtsrecht ist es, dass Sie sich rundum glücklich und gesund fühlen und frei sind von irgendwelchen Erkrankungen.

Deshalb kombinieren Sie bitte keine Kohlenhydrate (wie Kartoffeln, Nudeln, Reis, Brot) mit Eiweiß (wie Fleisch, Fisch, Geflügel, Eier, Wild).

Aber bitte denken Sie daran, Kohlenhydrate und Eiweiß nicht nur zu trennen, sondern an das Verhältnis Kohlenhydrate und Eiweiß pro Tag nur zu 30 % und mindestens zu 70 % Wasserhaltiges zu verzehren.

Wie Sie jetzt Ihre weiteren Tage einteilen, ist individuell Ihnen überlassen.

Entscheiden Sie sich mittags für das, worauf Sie mehr Gelüste verspüren. Essen Sie:

z. B.: Kartoffeln mit Salat und/oder Gemüse oder Gemüsesaft in unbegrenzter Menge, z. B. von der Fa. Völkel – im Bioladen erhältlich – oder von der Fa. Rabenhorst – in Biogeschäften, Reformhäusern und Apotheken erhältlich. Wenn Sie Gemüsesaft im Supermarkt kaufen, achten Sie bitte auf evtl. Zusätze und dass Karottensaft ohne Honigzusatz ist.

oder

z. B.: Fleisch mit Salat und/oder Gemüse.

In der 4. Kursstunde erkläre ich Ihnen, wie Sie Kohlenhydrate und Eiweiß an einem Tag kombinieren können, jedoch

vom gesundheitlichen Aspekt her ist es immer besser, wenn Sie **entweder Eiweiß oder Kohlenhydrate** zu sich nehmen.
Je einfacher Sie Ihren Körper nähren, umso besser für Sie. Dadurch muss Ihr Stoffwechsel weniger arbeiten, was Ihrer Vitalität zugute kommt.

In einigen Kulturen ernähren sich die Menschen mono, d. h. mit nicht mehr als 4 unterschiedlichen Lebensmitteln pro Tag.

z. B.:

Morgens nur eine Obstsorte
Mittags nur eine Salatsorte
Nachmittags eine Gemüsesorte und
Abends evtl. Süßkartoffeln (erhältlich auf vielen Wochenmärkten) oder Reis.

Diese Ernährungsweise lässt diese Menschen 30–40 Jahre jünger aussehen. Und das Wichtigste: Sie sind mit mindestens 100 Jahren noch körperlich, geistig und seelisch fit und betätigen sich gerne noch körperlich.

Das zu Ihrer weiteren Motivation!

Deshalb: So wie <u>**Sie**</u> sich ernähren,
so fit fühlen <u>**Sie**</u> sich auch.

Die richtige Ernährung und Lebensweise hinterlassen positive Spuren!

Fleischverzehr

Ab dem 4. Tag dürfen Sie wieder Fleisch verzehren. Jedoch möchte ich Ihnen ganz klar mitteilen, dass Fleisch Ihren ganzen Organismus schwer belastet. Fleisch kann starke Probleme bei der Verdauung erzeugen.
Viele Magen-Darm-Erkrankungen können von übermäßigem Fleischverzehr herrühren.
Damit Fleisch richtig verdaut würde, müsste es mindestens 30x gekaut werden. Sie kämen sich wie ein Wiederkäuer vor und hätten eine klebrige Masse im Mund, die nicht mehr appetitlich wäre.
Wir können einiges aus der Natur lernen.
Tiere, die Fleisch essen, haben ein ganz anderes Magen-Darm-System als wir und andere Zähne.
Bis bei uns Menschen das Fleisch überhaupt einigermaßen verdaut ist, bleibt es lange in unserem Darm, und kann dadurch einiges verstopfen und verkleben.

Auch in ein ungewürztes, ungebratenes, ungegrilltes oder ungekochtes rohes Stück totes Fleisch hineinzubeißen, sollten Sie sich einmal vorstellen.
Ich glaube, auch Sie finden das nicht appetitlich. Dagegen sofort in einen Apfel oder eine Birne zu beißen, so wie die Natur diese Früchte erschaffen hat, ist ein köstlicher und appetitlicher Genuss.

Meiden Sie deshalb Ihrer Gesundheit zuliebe Fleisch oder minimieren Sie es drastisch.

Essen Sie lieber Fisch und Geflügel. 1 Stück Lachs, dazu Zucchinis oder anderes Gemüse, lässt sich sehr gut grillen, und Sie könnten somit an jeder Grillparty teilnehmen. Bei Grillfesten oder auch auf Jahrmärkten werden gerne gewürzter Bauchspeck und Grillwürste angeboten.

Vorsicht! Im Bauchspeckgewürz und in den Grillwürsten ist in der Regel Zucker enthalten. Damit würden Sie Kohlenhydrate = Zucker und Eiweiß = Bauchspeck, Grillwurst kombinieren, und Sie hätten eine Gewichtszunahme am nächsten Tag.

Wenn mir die Frage gestellt wird, „Welches Fleisch?“, kann ich nur antworten: „Würde ich mich nicht schon seit 14 Jahren vegetarisch ernähren, wäre ich spätestens in den letzten Jahren Vegetarierin geworden.“
Aber das sind Entscheidungen, die sollte jeder für sich persönlich fällen.

Woher bekommen Sie Ihr Kalzium?

Kalzium erhalten Sie genügend aus frischem Obst, Gemüse und Salat, ebenfalls natürliches Eiweiß.
Weitere natürliche Lieferanten sind Nüsse und Samen.
Verzehren Sie diese bitte erst ab der 4. Kursstunde, denn ich möchte Sie langsam an diese neue Ernährungsweise heranführen, so dass Sie sich weder körperlich noch mental überfordert fühlen.

Wochenende, Einladungen, Feste

Da Ihr erstes Wochenende mit Ihrer Ernährungsumstellung bevorsteht, empfehle ich Ihnen, sich an die Fifty-fifty-Regel zu halten, um keine Gewichtszunahme zu verursachen.
Sind Sie eingeladen, ist es schwieriger, nach der natürlichen Gesundheitslehre zu leben.
Wenn Sie am Abend eine Einladung haben, essen Sie ab morgens Obst, evtl. Salat und/oder Gemüse bis abends.
Gibt es ein Buffet, wählen Sie Brot, Nudeln oder Kartoffelsalat mit frischen Salatsorten oder Salat mit Fisch- und Fleischgerichten. Die Salatsoßen sind meistens nicht o. k. genauso wie die Fleischwürzungen.

Genießen Sie dieses Essen trotzdem, es gehört zu Ihren 10 % alternativen Essen, und es sollte alles für Sie ein Genuss bleiben, ohne Reue.

Ein komplettes Menü genießen Sie ebenfalls!

Sie gehen ins Restaurant?

Dort ist die Ernährungsumstellung sehr einfach.

z. B. beim Italiener:	Insalata mista mit Öl, Pfeffer, Salz, bitte sagen Sie ausdrücklich **ohne** Essig
dazu ein	Nudelgericht mit Knoblauchsoße und Broccoli oder **frischen** Champignons
oder eine	Pizza, **ohne** Käse, belegt mit z. B. Tomaten, **frischen** Champignons, **frischem** Paprika, Broccoli, Zwiebeln.

ist sehr lecker und saftig.

Chinesisch:	Buddhisten-Platte, **ohne** Sojakeime und Sojasoße, und Reis.

Soja gehört zum Eiweiß, deshalb hätten Sie im Zusammenhang mit Reis (Kohlenhydrate) eine Behinderung.

Möchten Sie lieber

Ente essen, ist dazu Sojasoße (Eiweiß) erlaubt, zusätzlich noch eine Gemüseplatte.
Aber bitte **dann keinen** Reis dazu verzehren.

Wenn Sie so Ihr Essen bestellen, müssen Sie auch nicht ständig Erklärungen bei Freunden und Bekannten abgeben. Da viele schon Diäten durchgeführt haben, weiß ich, dass Sie am liebsten nicht mehr mit anderen über eine Ernährungsumstellung sprechen möchten, bis Ihre gewünschten Erfolge zu sehen sind.
Bei diversen anderen nationalen Gerichten fragen Sie bitte nach der Zusammensetzung oder den Inhaltsstoffen. So können Sie dann für sich persönlich das Richtige wählen, oder als Ausnahme „Alternativ" essen.

Hochzeiten, Taufen, usw.

Feiern Sie diese Feste, wie sie fallen.
Einen Tag vorher nur Wasserhaltiges und den Tag danach nur Wasserhaltiges wie Obst, Salat, Gemüse, Rohkost und Sie beherrschen ab sofort Ihre Pfündchen.

Alkohol

Nach der natürlichen Gesundheitslehre müsste ich Ihnen zum Alkohol absolut „Nein!!!" sagen.

Alkohol ist und bleibt eine Suchtgefahr!

Da ich jedoch 10 % Alternatives hier im Buch vertrete, können Sie evtl. am Wochenende in Maßen Bier, trockenen Rot- und Weißwein oder trockenen Sekt genießen. Die Betonung liegt auf „in Maßen".

Montags

Essen Sie grundsätzlich montags nur wasserhaltige Kost. Am besten essen Sie nur Obst, Salat und Rohkost. Ungekochtes ist für den Körper die beste Ernährung. Sie können dadurch einen hohen Gewichtsverlust erreichen und gehen fit und gestärkt in die Woche. Gleichzeitig hat Ihr Körper die Chance, sich von den Giftstoffen des Wochenendes zu entsorgen. Sie fühlen sich dadurch wieder gereinigt und wohl.

In diesem Sinne wünsche ich Ihnen eine wunderschöne Restwoche und ein geselliges oder auch ruhiges Wochenende.

Viel Spaß und alles Liebe!

VEGETABLE FRÜCHTE

Avocados
Paprika rot, gelb, grün
Salatgurken
Tomaten
Zwiebeln

Avocados nur bei Gewichtszunahme und -erhaltung.

Neutrales Rezept

MOJO „rot“, kanarische Paprikasoße

Zutaten:

4 rote Paprikaschoten
1 Gemüsezwiebel
1/2 TL getrocknete oder frische Chilischoten, klein gehackt
5 EL Olivenöl
2 TL Salz
schwarzer Pfeffer aus der Mühle

Zubereitung:

Paprikaschoten entstielen und vierteln (das Kerngehäuse kann mitverwendet werden, die Soße wird dadurch aromatischer). Zwiebel grob würfeln und alles zusammen (Chili nicht vergessen!) auf ein Backblech legen.
Olivenöl und Salz darüber geben und Gemüse bei 160° C im Backofen ca. 20 Minuten backen. (Man kann das Gemüse auch in einem Topf dünsten. Im Backofen wird es aber aromatischer.) Gemüse abkühlen lassen und mit dem Pürierstab pürieren. Mit Salz und Pfeffer abschmecken.

Zubereitungszeit ca. 35 Minuten.

Tipp: Die rote Paprikasoße (auf den Kanaren nennt man sie „Mojo“) passt zu Nudeln, Kartoffeln, gegrilltem Gemüse oder als Brotbelag. Im Kühlschrank hält sie sich ca. eine Woche. Mojo schmeckt auch mit Knoblauch verfeinert und ist außerdem sehr beliebt bei Kindern.

Neutrales Rezept

Vegetable Gemüsepfanne

Zutaten:

1 Schale Cherrytomaten
1 Salatgurke
1 rote, 1 gelbe Paprika
6 Knoblauchzehen
2 Zwiebeln
frische Petersilie
italienische Kräuter
Salz
Pfeffer
Olivenöl
Johannisbrotkernmehl

Zubereitung:

Die Cherrytomaten halbieren. Dann die Salatgurke der Länge nach halbieren und in mundgerechte Stücke schneiden. Danach die verschiedenen Paprika waschen und putzen. Zwiebeln in Ringe schneiden und die Petersilie hacken.

Als Erstes die Knoblauchzehen in einer beschichteten Pfanne in Olivenöl anbraten. Danach die Zwiebeln dazugeben, kurz glasig werden lassen und dann die übrigen Zutaten dazugeben.
NICHT KOCHEN, SONDERN NUR ANDÜNSTEN!

Mit Salz und Pfeffer abschmecken, evtl. noch mit Frugola-Gemüsebrühe ohne Hefe würzen.
Für eine bessere Sämigkeit ETWAS Johannisbrotkernmehl.

Kohlenhydrat-Rezept

Kartoffel-Möhren-Topf

Zutaten:

200 g Kartoffeln
100 g Möhren
200 ml Frugola-Gemüsebrühe ohne Hefe
Salz
frischer Pfeffer
frisch geriebene Muskatnuss
einige Zweige Petersilie

Zubereitung:

Die Kartoffeln schälen, waschen und in kleine Stücke schneiden. Die Möhren putzen, waschen und in dünne Scheiben schneiden. Die Gemüsebrühe zum Kochen bringen und die Kartoffelwürfel sowie die Möhrenscheiben darin zugedeckt bei mittlerer Hitze etwa 20 Minuten garen. Das Gemüse mit einem Pürierstab oder im Mixer pürieren. Kartoffeltopf mit Pfeffer und reichlich frisch geriebener Muskatnuss abschmecken. Die Petersilie verlesen, waschen, fein hacken und über den Kartoffel-Möhren-Topf streuen.

Eiweiß-Rezept

Rindfleischsalat mit Wein

Zutaten:

Rindfleisch gekocht oder gebraten
Karotten
Zucchinis
Olivenöl
trockener Weißwein
Salz
schwarzer Pfeffer
Paprika (rot, gelb, grün)
Eichblattsalat
Crème fraîche

3. Kursstunde

Einen wunderschönen Tag wünsche ich Ihnen, liebe Leserin, lieber Leser, und begrüße Sie herzlich zur 3. Kursstunde.
Sie haben Ihr erstes Wochenende mit Ihrer Ernährungsumstellung gelebt.
Ich hoffe, dass Sie ein entspannendes Wochenende hatten und dass Sie Ihr teilweise alternatives Essen frei von schlechtem Gewissen genossen haben.
In der Regel haben Sie jetzt zwischen 2 und 5 kg an Gewicht reduziert, und die ersten gesundheitlichen Verbesserungen dürften sich bemerkbar gemacht haben.

Wenn Ihnen Ihre Waage evtl. weniger anzeigt, messen Sie sich bitte täglich! Zu Ihrer eigenen Motivation!!!

Diese unterschiedlichen Ergebnisse können aus folgenden Dingen resultieren:

1. **Jeder Stoffwechsel arbeitet unterschiedlich.**

2. **Wenn Sie evtl. viele Jahre Medikamente einnehmen mussten oder noch nehmen, reinigt und entgiftet sich Ihr Körper stärker, so dass Ihr Stoffwechsel mehr arbeiten muss, und deshalb sich Ihre Pfündchen zur Zeit noch langsamer reduzieren.**

3. **Sie haben sehr viel Wasser getrunken, ca. 3 bis 4 Liter, und regelmäßig über den Tag verteilt Wasserhaltiges gegessen, so dass Sie das stolze Ergebnis von 5 kg Gewichtsabnahme nach nur einer Woche erreicht haben.**

4. **Wassereinlagerung**
Sie hatten bisher Wassereinlagerungen, die jetzt durch den richtigen Obstverzehr verstärkt ausgeschieden wurden. Dadurch haben Sie einen höheren Gewichtsverlust.

5. **Diabetes**
Ihre Diabeteswerte müssten sich jetzt schon wieder im Normalbereich befinden. Das sind die Erfahrungswerte aus meinen Seminaren. Dadurch kann es sein, dass sich Ihr Gewicht in der 1. Woche um ca. 1,5 kg reduziert hat, was Ihnen vielleicht etwas wenig vorkommt. Bedenken Sie jedoch, Ihr Stoffwechsel aktiviert im Moment das **Wichtigste,** Ihre eigenen Heilkräfte. Deshalb kann es vorkommen, dass sich Ihre Pfündchen etwas langsamer reduzieren. Dieses Beispiel gilt bei Menschen, die noch vor einer Woche sehr hohe Zuckerwerte hatten.
Wenn Sie, liebe Leserin, lieber Leser, zu den Diabetikern gehören, die auf Tabletten eingestellt sind, dürften Sie in der Regel schon 2–3 kg reduziert haben. Sollten sich Ihre Diabeteswerte noch nicht drastisch gebessert haben, prüfen Sie bitte nochmals, ob Sie alle Empfehlungen beherzigt haben. Ich habe nämlich im Diabetesbereich immer sehr gute Ergebnisse, was mich persönlich immer wieder nach so kurzer Zeit erfreut. Wenn Ihr Zuckerwert noch sehr instabil ist, könnten Brotverzehr und evtl. Milch im Kaffee damit in Zusammenhang stehen. Viele denken: „Ein paar Tropfen Milch oder 1–2 Tage Brotverzehr können die Werte nicht so beeinträchtigen.“ Aber genau diese Kleinigkeiten können eine so große Wirkung auf Ihre Gesundheit haben!!!

6. **Verdauungsverbesserung**
Wenn Sie jetzt schon 3x täglich Verdauung haben, wäre das optimal für Ihren Körper.

7. **Verdauungsschwierigkeiten**
Bitte lesen Sie nochmals alle Hinweise in der 2. Kursstunde.
Tägliche Verdauung ist sehr wichtig für Ihre Gewichtsreduktion und vor allem für Ihre Gesundheit!

8. **Wochenende und Einladung**
Sie konnten am Wochenende die 50/50-Regelung nicht einhalten, hatten in der Woche einen Tag mit einem Nudelgericht, einen Tag mit Brotverzehr und waren zum Nachmittagskaffee eingeladen, und Ihre Waage zeigt Ihnen nach einer Woche die Gewichtsreduktion von 1 kg an. Dieses Ergebnis resultiert aus den stärkehaltigen Lebensmitteln und teils alternativer Ernährung.
Anstatt Brot oder Nudeln sind Brat- oder Folienkartoffeln empfehlenswert. Sie werden feststellen, dass Ihre Pfündchen dann schneller fließen.

- Sie haben am Wochenende die 50/50-Regelung einhalten können und Ihre Gewichtsreduktion von der 1. Woche halten können?

- Sie hatten eine große Feierlichkeit und haben jetzt 1 kg zugenommen? Legen Sie vor und nach großen Festlichkeiten und Einladungen grundsätzlich einen wasserhaltigen Tag ein mit

Obst, Rohkost, Salat, Gemüse,
– Salzstein –,
viel Wasser trinken,

somit können Ihnen die Pfündchen trotz Feierlichkeiten davonfließen.

Liebe Leserin, lieber Leser,
wenn Sie zu denjenigen gehören, die zurzeit viele Einladungen haben, können Sie so trotzdem Ihr Ziel erreichen. Sie allein bestimmen Ihren persönlichen Rhythmus.

Liebe Leserin, lieber Leser,
viele von Ihnen haben mit Sicherheit festgestellt, dass Sie auf Brot reagieren. Wenn Sie mit Brot zugenommen oder Gewichtsstillstand hatten, denken Sie bitte an das empfohlene homöopathische Mittel Natrium Chloratum D6 von der Firma DHU.

Ab heute, Ihrem 8. Tag Ernährungsumstellung, dürfen Sie, wenn Sie mögen, wieder Milchprodukte verzehren. Milchprodukte sind tierischer Herkunft, daher zählen sie zum Eiweiß. Sie dürfen sie so essen, wie Sie auch Fleisch, Fisch, Geflügel, Eier und Wild kombinieren.

Aus Erfahrung weiß ich, dass Sie sich, liebe Leserin und lieber Leser, darüber freuen, weil Milchprodukte jeglicher Art vielen Menschen sehr gut schmecken, ob Käse, Joghurt, Quark, Tsatsiki, Sahne, Milch, Kondensmilch, Pudding, Bonbons mit Schokoladenüberzug, pure Schokolade usw.

Da ich mich seit 15 Jahren speziell mit dem Thema Milchprodukte beschäftige, kann ich Ihnen, von der gesundheitlichen Seite, in den meisten Fällen von Milchprodukten jeglicher Art nur abraten. Milchprodukte sind, nach meinen Erfahrungswerten, für unseren menschlichen Organismus nur sehr schwer zu verwerten. Milchprodukte bilden im Körper einen dicken, zähflüssigen Schleim, der all die Innenorgane überzieht. Dadurch können weder Giftstoffe, noch Fettpölsterchen frei abfließen. Milch dient dazu, dass ein kleines Kalb schnell heranwächst. Sie wachsen nicht mehr, sondern nehmen an Gewicht zu, und es können sich Giftstoffe (Toxine) in Ihrem

Körper bilden, und daraus div. Erkrankungen entstehen.

Nach den Naturgesetzen trinkt kein Tier nach der Säugezeit noch Milch.
Die meisen Menschen setzen sich über dieses Naturgesetz hinweg, obwohl kaum jemand auf die Idee käme, von einer schwangeren Frau die Milch zu trinken.
Aber von Tieren, ob Kuh, Schaf oder Ziege, trinken sehr viele Menschen die Milch und die daraus hergestellten Lebensmittel. Eine Kuh hat ein ganz anderes Magen-Darm-System als Sie, liebe Leserin, lieber Leser. Das kann bei vielen Menschen zu Magen-Darm-Problemen und anderen Erkrankungen führen.
Ich weiß, Sie sind jetzt erst einmal geschockt!
Auch ich war vor 15 Jahren der Meinung, Milchprodukte würden meiner Gesundheit Gutes tun. Ich habe sehr gerne Käse, Joghurt, Milchreis, Pudding usw. verzehrt, diese Produkte sind ja auch sehr schmackhaft.
Jedoch litt ich viele Jahre an 30 Lebensmittelallergien, fast jede Woche 2 Tage stärkste Migräne mit Erbrechen, und von Mitte Mai bis Ende August hatte ich Heuschnupfen, teils asthmaähnliche Beschwerden.
3 Jahre Desensibilisierung, Medikamente, Nasenspray und Augentropfen konnten mir fast keine Linderung schaffen.
Cortison lehnte ich ab, da ich bei anderen Erkrankten immer wieder feststellte, dass Sie weiterhin unter ihren Allergien litten oder nur eine geringe Linderung hatten.
Damit hätte ich auch nicht die Ursache erkannt, sondern die Symptome wären nur unterdrückt worden.

Weiterhin rüttelten mich Erkenntnisse auf, dass Kinder frei von Hyperaktivität und Neurodermitis waren, wenn Sie ca. 2–10 Tage keine Milchprodukte, Milchzucker und Laktose verzehrt hatten.

Ebenfalls Kinder, die unter starken Mittelohrentzündungen, Asthma, Schuppenflechte und Infekten litten.

Seit diesem Zeitpunkt nahm ich mir vor, Kindern und anderen Menschen zu helfen, die unter diesen starken Symptomen und anderen Erkrankungen leiden. Daher beschäftigte ich mich immer intensiver mit diesem Thema.

Ein Zeitungsartikel mit dem Bild eines Babys rüttelte mich zusätzlich auf.
Auf diesem Bild konnte man erkennen, dass dieses Baby unter stark juckender, nässender Haut litt.
Viele Kinder und Erwachsene kratzen sich ihre Haut blutig wegen diesem starken Juckreiz.

In meinen Seminaren stelle ich immer wieder fest: Wenn Teilnehmerinnen und Teilnehmer konsequent keine Milchprodukte verzehren, sind Sie in kürzester Zeit frei von: **Kopfschmerzen, Migräne, Asthma, Allergien** jeglicher Art. Wenn Sie z. B. gegen Tierhaare, Nüsse oder Lebensmittel allergisch sind, ist das in fast allen Fällen, nach meinen Beobachtungen, eine Kreuzallergie mit Milchprodukten. Verzichteten die Teilnehmer und Teilnehmerinnen zu 100 % auf Milchprodukte, Laktose und Milchzucker konnten sie nach ca. 2 Wochen wieder langsam anfangen, Nüsse oder andere Lebensmittel zu verzehren, oder konnten wieder beschwerdefrei mit Tieren zusammensein, oder hatten zumindest schon stark verbesserte Gesundheitsergebnisse.

Geschwollene Augenlider und Finger waren nach dem Verzehr von Schafskäse zu beobachten.

Mandelentzündungen, wo der OP-Termin schon feststand, waren nach 3–4 Wochen ausgeheilt.

Magen-Darm-Probleme sind zu 99 % in der 1. Woche Ernährungsumstellung ohne Milchprodukte schlagartig weg, sobald jedoch nur eine geringe Menge Sahne oder Ähnliches verzehrt wurde, waren die Magenbeschwerden wieder da. Auch einen schnelleren Heilungsprozess stelle ich immer wieder bei diversen Erkrankungen wie:
Morbus Crohn, Divertikel, Darmpilzerkrankungen und **Weißfluss** fest, wenn Milchprodukte, Milchzucker und Laktose aus der Ernährung gestrichen wurden.

Rheuma-, Arthrose-, Fibromyalgie-, Gicht- und Gelenkschmerzen-Erkrankte waren nach ca. 3–4 Wochen, je nach Alter und Schweregrad der Erkrankung, wieder sehr beweglich und schmerzreduziert oder schon ganz beschwerdefrei.

Bei diesen oft langjährig bestehenden Beschwerden sollte man berücksichtigen, dass der Körper seine Zeit zum Entgiften und Gesunden benötigt.

Osteoporose verbesserte sich zum Staunen vieler Teilnehmer. Zum Thema Milchprodukte und Osteoporose ist es sehr interessant zu beobachten, dass in China und Japan fast keine Frau darunter leidet. Dagegen haben in Schweden, wo es den höchsten Milchkonsum gibt, sehr viele Frauen Knochenbrüche und Osteoporose.

Diabeteswerte, selbst bei über 400, waren nach einer Woche bei einem Wert von ca. 120.

Nach Verzehr von Milchprodukten – es genügten schon einige Tropfen Milch im Kaffee – blieben die Werte unverändert hoch oder schnellten wieder sofort in die Höhe.

Depressionen verbesserten sich bei einigen Teilnehmerinnen und Teilnehmern.

Krebserkrankte berichteten mir, wie wohl und gestärkt sie sich fühlten und dass sich ihre Blutwerte wöchentlich verbesserten.
Sie verzehrten konsequent keine Milchprodukte, sondern haben sich mit wasserhaltigen Lebensmitteln wie Obst, Rohkost, Salat und Gemüse ernährt. Immer wieder bekomme ich positive Rückmeldungen, dass der Krebs sich so weit zurückgebildet hat, dass keine Operation mehr erforderlich war. Wenn erkrankte Menschen sich wieder wohler fühlen und ihr eigener Heilungsprozess stark aktiviert wird, ist das für mich persönlich immer der schönste Erfolg.

Denken Sie bitte daran, dass die Milch nicht für unseren Organismus geschaffen wurde, sondern nur um kleine Kälber schnell groß zu bekommen.

Unsere Giftstoffe und Fettpölsterchen können dadurch in der Regel nicht frei abfließen.

Wenn Sie so weitermachen, wird sich alles noch positiver verändern.

Daher, liebe Leserin, lieber Leser, ich kann Ihnen vieles schreiben, testen Sie es selbst, und hören Sie bitte auf Ihren Körper!

Ich zeige Ihnen im Anschluss, wie Sie Milchprodukte, wenn Sie noch welche verzehren möchten, in Ihren Ernährungsplan mit einbeziehen können.
Jedoch bei Erkrankungen empfehle ich Ihnen wirklich, Ihren Körper davon freizuhalten.
Nach 15 Jahren weiß ich noch, wie schmackhaft Käse & Co.

sind, aber leider lösen sie bei den meisten Menschen immer wieder Beschwerden aus.

Mandelmilch und Kokosmilch wären eine Alternative für Kinder und diejenigen, die eine Gewichtserhaltung oder -zunahme wünschen.

Ich kann Ihnen hier meine eigenen Erfahrungswerte und Erkenntnisse weitergeben, da gesundheitlich fast immer ein Zusammenhang spürbar ist.
Aber bitte testen Sie es persönlich und schreiben mir Ihre Erfahrungswerte.

Jedoch ist auch bei vielen Erkrankungen die Ursache im seelischen Bereich zu finden. Der Körper zeigt das meist durch Lebensmittelunverträglichkeit, diverse Beschwerden und Schmerzen an. Zu diesem speziellen Thema erfahren Sie in den weiteren Kursstunden mehr.

Wenn Sie weiterhin trotz Ihres Wissens jetzt noch Milchprodukte verzehren möchten, rate ich Ihnen, sie höchstens am Wochenende zu essen.
Geben Sie Ihrem Körper bitte die Chance, dass er 5 Tage milchfrei bleibt.
Bleiben Sie bitte frei von diesen Fehlern, dass Sie denken, ich reduziere jetzt drastisch und esse heute z. B. einen Joghurt, morgen Sahnesoße, übermorgen Käse usw. Damit hätten Sie täglich eine Blockade bei der Gewichtsreduktion, weil die meisten Menschen an diesen Tagen kein oder nur wenig Gewicht reduzieren.
An den Wochenenden ist die Ernährung meist nicht 100-%ig und Sie ernähren sich teils bei Einladungen auch alternativ. Da werden oft Sahnesoße, Käse usw. angeboten. Wenn Sie dann diese Gerichte verzehren, genießen Sie dieses Essen ohne schlechtes Gewissen, hören aber

bitte auf Ihren Körper, wie er reagiert.
Weiterhin möchte ich nochmals auf die Urin-Therapie hinweisen. Teilnehmerinnen und Teilnehmer, die ihren 1., 2. und 3. Morgenurin noch zusätzlich in Saft gemischt trinken, hatten die schnelleren, besseren Gesundheitsergebnisse. Deshalb trinken Sie bitte ab sofort Ihren Urin. Er wirkt vorbeugend und aktiviert bei Ihren Erkrankungen die eigenen Heilungskräfte.
Sie haben sicherlich schon bemerkt, dass Ihr Urin sehr hell geworden ist und einen angenehmeren Geruch bekommen hat. Der 1. Urin schmeckt wie eine Salzbrühe. Der 2. und 3. Urin ist schon fast geruchs- und geschmacksneutral.
In Saft gemischt – ca. 1 Schnapsglas voll –, nach ca. 1–2 Wochen auf die 2- oder 3fache Menge gesteigert, werden Sie sich noch gestärkter und fitter fühlen.

Bei den meisten Erkrankungen kann es zu einer Erstverschlimmerung kommen, trinken Sie an diesem Tage verstärkt Wasser und essen viel Wasserhaltiges.
Reiben Sie mit Ihrem 1. Urin Ihren Körper oder zumindest die erkrankten Stellen ein. Wie Parfüm kurz verfliegen lassen, danach können Sie sich anziehen.
Sobald Ihr Urin eingerieben ist und von Ihrer Haut aufgenommen wurde, ist er geruchsneutral. In Ihrem Urin sind wertvolle Inhaltsstoffe, die bei vielen Menschen schon diverse Erkrankungen stoppten und sogar vollkommen heilten. Einen sehr interessanten Erfahrungsaustausch hätten Sie auf Urintagungen. Mehr dazu im Anhang.

Zur Vertiefung eignen sich gut Bücher folgender Autoren:

Carmen Thomas,
Ingeborg Allmann und
Coen van der Kroon

In diesem Sinne wünsche ich Ihnen weiterhin viel Erfolg.

Von Montag bis Mittwoch sind bis zu 2 kg Gewichtsverlust, ja Sie lesen richtig, möglich!
Deshalb grundsätzlich, wie schon erwähnt, montags einen wasserhaltigen Tag mit Obst, Rohkost, Salat und Gemüse einlegen!

Bis dahin alles Liebe!

Nachfolgend finden Sie diverse Tagespläne mit Milchprodukten und Informationen über die Kombination mit neutralen Lebensmitteln.

1. Tagesplan: Beispiel Eiweiß

Obst – solange Sie mögen

1. Mahlzeit:	– Salat mit Sahne oder Joghurtdressing dazu 1 Stück Lachs, mit Zwiebeln und Knoblauch in pflanzlichem Fett angebraten und mit Salz und Pfeffer gewürzt.
oder	**– Blumenkohl mit Käse überbacken**
Zwischen-mahlzeit:	– Rohkostknabberschale Tomate, Radieschen, Kohlrabi usw. – Salat und/oder Gemüse – Joghurt natur mit evtl. etwas Honig
2. Mahlzeit:	– Minestrone, Rezept S. 140
anschließend	– Rohkostknabberschale – Salat und/oder Gemüse

2. Tagesplan: Beispiel Eiweiß

Obst – solange Sie mögen

1. Mahlzeit:	– Gyros mit selbst gemachtem Tsatsiki, dazu Salat
oder	– Tunfischsalat
Zwischen-mahlzeit:	– Rohkostknabberschale
	– Salat und/oder Gemüse
	– Joghurt natur evtl. mit etwas Honig
2. Mahlzeit:	– Salat mit Schafskäse
anschließend	– Rohkostknabberschale
	– Salat oder/und Gemüse

Milchprodukte sind konzentrierte Nahrung, daher am Tag max. bis zu 30 % und am Besten, wenn überhaupt, nur am Wochenende!

Wie Sie Milchprodukte zu Kohlenhydraten wie Brot, Kartoffeln, Nudeln, Reis, Hirse, Dinkel, Buchweizen verzehren dürfen!

Diese Milchprodukte müssen eine hohe Fettstufe haben, dann sind sie so „neutral“ wie die Butter.

Neutrale Milchprodukte
Süße Sahne
Saure Sahne
Schmand
Sahnequark
Kräuterquark (selbst gemacht) 60 %!
Joghurt (natur)
Käse mind. 60 %!

Das heißt, Sie dürfen z. B. verzehren:

- Brot mit 60 % Brie-Käse (Fa. Aldi oder Fa. Lidl)

- Pfefferkäse, natur oder mit Schnittlauch

- runder Butterschnittkäse (erhältlich in den meisten Supermärkten an der Frischkäsetheke)

Fragen Sie bitte immer nach mindestens 60-%igem Käse, durch diese hohe Fettstufe ist er „neutral“.

Nochmals zum klaren Verständnis, die neutralen Milchprodukte dürfen genau wie die Butter mit allen Lebensmitteln **– außer Obst –** kombiniert werden.

60-%iger Käse darf sowohl zu Kohlenhydrat- als auch zu Eiweißgerichten verzehrt werden.
Käsesorten unter 60 % zählen zu den Eiweißmahlzeiten.

Tagesbeispiel Kohlenhydrate

Obst – solange Sie mögen

1. Mahlzeit	– Nudelauflauf mit mind. 60-%igem Käse und Salat
oder	– Kartoffeln mit selbst gemachtem Kräuterquark 60 % und Salat
Zwischen-mahlzeit:	– Rohkostknabberschale – Salat und/oder Gemüse
2. Mahlzeit:	– Gemüsepfanne
anschließend solange Sie mögen	– Rohkostknabberschale – Salat und/oder Gemüse

Weitere **neutrale Lebensmittel** sind:

Salat

Rohkost

Gemüse

Kräuter

Kräutertee

schwarzer Tee

Kaffee

Oliven	Frische Oliven, nur in Salz eingelegt, sind neutral. Bitte fragen Sie nach! Oliven sind oft in Zitrone und Essig eingelegt, und Sie hätten damit eine Behinderung. Während Ihrer Reduktion bitte wegen des hohen Salzgehaltes nur begrenzt verzehren!
Honig	ist nur in kleinsten Mengen neutral, evtl. 1/2 Teelöffel pro Tag.

60-%iger Käse darf – außer zu Obst – zu allen Gerichten verzehrt werden!

Neutrales Rezept

Chinakohl-Pfanne

Zutaten:

600 g Chinakohl
1 Stange Porree
1 rote Paprikaschote
2 Knoblauchzehen
1 kleines Stück frischer Ingwer
2 EL Olivenöl
Salz, Pfeffer

Zubereitung:

Das Gemüse putzen, waschen und in Streifen, Porree in Ringe schneiden. Knoblauch und Ingwer schälen und ganz fein hacken.

Olivenöl in einer Pfanne erhitzen, Knoblauch und Ingwer anbraten, Porree und Paprika zugeben und unter Rühren 2 Minuten scharf anbraten. Chinakohl zugeben und weitere 3 Minuten garen.

Mit Salz und Pfeffer abschmecken.

Reis passt sehr gut dazu . . .
(Dann zählt dieses Gericht zu den Kohlenhydrat-Rezepten.)

Eiweiß-Rezept

Mandelmilch

Zutaten:

1/2 Tasse rohe Mandeln
2 Tassen kaltes Wasser

Zubereitung:

1 cm hoch Wasser in einer Pfanne zum Kochen bringen, dann die Mandeln ca. 30 Sek. kochen. Anschließend schälen und dann mit den Tassen Wasser auf höchster Stufe im Mixer pürieren. Danach durchsieben. Ist die Masse zu dickflüssig, ist nicht genug püriert worden.

Kohlenhydrat-Rezept

Kartoffel-Lauch-Suppe

Zutaten:

Kartoffeln
Lauch
Pfeffer
Muskat
Salz
etwas Frugola-Gemüsebrühe, ohne Hefe
Johannisbrotkernmehl
Butter

Kohlenhydrat-Rezept

Spaghetti

Zutaten:

Olivenöl, natives kaltgepresstes
Salz
Pfeffer
gefrorene „Italienische Kräutermischung“
von der Fa. IGLO
rote Zwiebeln
evtl. Knoblauch

Dazu ein leckerer

Tomatensalat

Angemacht mit:

Olivenöl, natives kaltgepresstes
Salz
Pfeffer
Basilikum
Zwiebelringen

Persönliche Notizen – Gewicht

Tage	1.	2.	3.	4.	5.	6.	7.
Datum							
Gewicht							
Gewichts-stillstand							
Gewichts-zunahme							

Persönliche Notizen – Maße

Tage	1.	2.	3.	4.	5.	6.	7.
Datum							
Arme							
Brust							
Taille							
Bauch							
Becken							
Po							

Persönliche Notizen – Maße

Tage	1.	2.	3.	4.	5.	6.	7.
Datum							
O.-Schenkel							
Knie							
Wade							
Fußgelenk							

Persönliche Notizen

4. Kursstunde

Liebe Leserin, lieber Leser,
ich begrüße Sie recht herzlich zu Ihrer 4. Kursstunde.
Sind bei Ihnen auch in den letzten 2 Tagen evtl. 2 kg reduziert worden, wie sooft bei meinen Teilnehmern?!
Wenn ja, haben Sie fast ausschließlich nur Wasserhaltiges wie Obst, Rohkost, Salat und Gemüse verzehrt, was Ihrem körperlichen Wohlbefinden sehr gut getan hat und die Pölsterchen zum Fließen gebracht hat.
Im Durchschnitt müssten Sie jetzt zwischen 3 und 6 kg abgenommen haben.
Ein tolles Ergebnis nach 10 Tagen!

Sie bemerken jetzt, dass Sie Ihre Pfündchen im Griff haben, obwohl Sie evtl. Montagmorgen eine kleine Gewichtszunahme hatten und diese jetzt nach nur 2 Tagen schon wieder reduziert haben.
Das gibt Ihnen ein selbstsicheres Gefühl.

Wenn Sie 500 g in den letzten 2 Tagen abgenommen haben, sagen Sie sich dann bitte nicht „nur"!!! Denken Sie daran, jeder Stoffwechsel arbeitet anders, Sie hatten evtl. eine Einladung, Sie haben zu wenig getrunken, oder Ihr Zyklus steht bevor?

Liebe Leserin, sollten Sie vor Ihrer Periode stehen und Heißhunger haben, dann geben Sie diesen Gelüsten nach und genießen es. Dafür essen Sie den nachfolgenden Tag Obst, Rohkost, Salat und/oder Gemüse. Ich denke, so werden Sie Ihren Heißhunger und Ihren Gewichts- und Gesundheitszielen gerecht.

Allergien

Allergien sind bei meinen Teilnehmern nach 10 Tagen sehr verbessert.

Depressionen

Teilnehmer mit Depressionen teilten mir mit, dass sie nach dieser kurzen Zeit nur noch die halbe Dosis Medikamente nehmen mussten.

Muskelrheuma

Bei Ihrem Muskelrheuma, liebe Leserin, lieber Leser, dürften Sie jetzt auch schon deutlich erste Verbesserungen spüren, ansonsten bedienen Sie sich bitte Ihrer eigenen Hausapotheke, Ihres Urins.

Neurodermitis

Ihre anfängliche Verschlimmerung Ihrer Neurodermitis dürfte jetzt stark reduziert sein und Ihre Erkrankung sich im Heilungsprozess befinden.
Denken Sie bitte an die Urintherapie!
Sie kann Ihnen eine noch schnellere Linderung verschaffen.

Trinken Sie mindestens 3- bis 5x Ihren Morgenurin in Saft gemischt.
Äußerliche Einreibungen vom 1. Morgenurin verschaffen Ihnen zusätzlich spürbare Verbesserungen, auch wenn Sie zuvor evtl. 10 bis 15 Jahre Cortison genommen haben. Bei vielen Teilnehmern habe ich diese positive gesundheitliche Heilung miterlebt und den Heilungserfolg von Kursstunde zu Kursstunde sehen können.

Haben Sie bitte mit sich und Ihrer Gesundung Geduld. Naturheilmaßnahmen benötigen manchmal eine längere Zeit, und auch die Erstverschlimmerung kann bei manchen Erkrankungen sehr unangenehm sein.
Essen Sie bitte bei einer starken Erstverschlimmerung Obst, Rohkost, Salat, Gemüse und trinken mindestens 3 Liter Wasser pro Tag. Weiterhin verringern Sie bei einer sehr starken Reaktion die Urinmenge auf 1x täglich, den weiteren Tag wieder 3- bis 5x. Dann wieder 1x, den nächsten Tag wieder 3- bis 5x usw.
Diese Methode nennt man Schaukeltherapie.
Halten Sie bitte durch!
Sie, liebe Leserin und Leser, können es genau so schaffen wie meine Teilnehmer. Wenn Sie Motivation benötigen, rufen Sie in einer Beratungsstelle in Ihrer Nähe an.

Schichtdienst

Krankenschwestern und andere im Schichtdienst Arbeitende berichten mir immer wieder, wie viel fitter sie sich fühlen und vor allem ihren Nachtdienst wesentlich angenehmer empfinden.
Da ich weiß, dass diejenigen, die im OP oder auf der Intensivstation tätig sind, weniger oft die Toilette aufsuchen können, trinken Sie ihre Wassermenge bitte vor oder nach Ihrem Dienst. An freien Tagen bitte regelmäßig über den Tag verteilt trinken. Dadurch kann es passieren, dass Sie zeitweise weniger Gewichtsverlust haben, was Sie aber wieder an Ihren freien Tagen ausgleichen können.

Krebserkrankte

Bei Krebserkrankungen diverser Art gibt es spezielle Kliniken, die mit der Urintherapie arbeiten. Lassen Sie sich diesbezüglich beraten und holen Sie sich dort Unterstützung.

Es besteht auch die Möglichkeit Urin zu spritzen. Lassen Sie bitte nichts unversucht, denn Ihr Urin kann Ihre Gesundheit sehr unterstützen.

Tagesmüdigkeit

Ihre Tagesmüdigkeit hat sich jetzt evtl. bei Ihnen schon so umgewandelt, dass Sie nun vor Energie sprühen und Ihre Alltagsarbeiten mit Leichtigkeit erledigen können.

Weiterhin, liebe Leserin, lieber Leser, haben Sie schon festgestellt, dass Ihre Haut straffer wird und Ihre körperlichen Formen sich zum Positiven verändern.

Nur weiter so, mit jedem Tag sind Sie Ihrem persönlichen Ziel ein Stück näher!

Jetzt, liebe Leserin, lieber Leser, folgt eine Übersichtstabelle, die ich Ihnen auf den folgenden Seiten erkläre.

– Achtung, diese Lebensmittel bis zu max. 30 % pro Tag –

Eiweiß	**Kohlenhydrate**
Fleisch Fisch Eier Milch Käse Soja Essig Senf	Zucker Sirup (Rüben) Kartoffeln Chips GETREIDEPRODUKTE: Nudeln, Dinkel, Malz, Gerste Reis, Hirse, Buchweizen, Mehl und Brot
Cashewnüsse Walnüsse Haselnüsse Kokosnüsse Paranüsse Pinienkerne Pistazien Mandeln KEINE ERDNÜSSE!!!	Eiweiß und Kohlenhydrate **NIE KOMBINIEREN!!!** und nur zu 30 % am Tag verzehren
Sesam Sonnenblumenkerne Leinsamen Mohn	
NÜSSE & SAMEN NIE GERÖSTET!!!	

Eiweiß und Kohlenhydrate nie zusammen kombinieren!

Auf dieser Übersichtsliste sind auch Lebensmittel aufgelistet, die absolut nichts mit der natürlichen Gesundheitslehre zu tun haben. Aber da Sie 10 % Alternatives verzehren dürfen, sind diese Lebensmittel mit aufgeführt.

Zu Kohlenhydraten zählen:

> Zucker, Sirup, Kartoffeln, Bratkartoffeln, Folienkartoffeln, Pommes, Chips (bitte nur aus dem Reformhaus oder Bioladen, da diese Chips Salz, pflanzliche Fette, Kartoffeln, evtl. Paprika enthalten. Diese Zusammensetzung wäre richtig. Lesen Sie bitte immer unter „Zutaten“ nach. Bei weiteren Inhaltsstoffen hätten Sie eine Gewichtszunahme)
>
> Getreideprodukte wie Nudeln (ohne Ei), Dinkel, Malz, Gerste, Reis, Hirse, Buchweizen, Mehl.

Zu Eiweißgerichten zählt z. B. das Fleisch.
Aus gesundheitlichen Gründen reduzieren Sie bitte Ihren Fleischkonsum drastisch, ebenfalls Ihren Verzehr an Eiern (max. 3 Eier pro Woche).
Wenn Sie darauf Heißhunger haben, dann essen Sie sie mit Genuss. Die restliche Woche bleiben Sie bitte ei-frei.
Ich empfehle Ihnen, wenn Sie tierische Produkte essen möchten, Fisch und Geflügel.
Milchprodukte gehören zur Eiweißgruppe. Käse am Eiweißtag ist in jeder Fettstufe erlaubt.

Wenn Sie jedoch Käse zu Kohlenhydraten essen, muss dieser mindestens 60 % Fett enthalten.

Sojaprodukte, empfehlenswerter Weise aus Bioläden, gehören zur Eiweißgruppe.

Essig steht ebenfalls auf der Liste, jedoch ist er stark Säure bildend und hemmt die Fettverbrennung. Durch Ihre Ernährungsumstellung kommt Ihr Säure-Basen-Haushalt wieder in Einklang.
Deshalb bitte Essig nur bei Einladungen verzehren.
Achten Sie darauf, wenn Sie Gerichte mit Essig verzehrt haben, dass Sie dazu keine Kohlenhydratgerichte kombinieren.

In Senf ist immer Essig enthalten. Viele Senfsorten enthalten jedoch auch Zucker oder Süßstoffe. Damit hätten Sie immer eine Behinderung.
Deshalb empfehle ich Ihnen den französischen Dijonsenf, fein oder grobkörnig, und den scharfen Löwensenf. Bitte lesen Sie unter „Zutaten" nach, damit kein Zucker und keine Süßstoffe enthalten sind.
Nochmals zur Erinnerung: Sie kochen z. B. Rouladen. Diese Rouladen füllen viele Menschen mit Speck, Schinken, Gewürzgurke, Senf und Zwiebeln.
Bei Speck und Schinken fragen Sie bitte Ihren Metzger, ob Zuckerstoffe enthalten sind.
Mit dieser, Ihnen vielleicht unwichtigen Kleinigkeit hätten Sie evtl. eine Gewichtszunahme.
Es gibt Schinken ohne Zucker, fragen Sie bei mehreren Metzgern nach.
Die Gewürzgurke, die ebenfalls immer Zucker und Essig enthält, ersetzen Sie mit einem Stück frischer Salatgurke. Somit hätten Sie ein Rouladengericht, evtl. mit Wirsinggemüse, womit Ihre Pölsterchen weiter davonfließen.

Weiterhin habe ich Ihnen Nuss- und Samensorten aufgeführt.
Diese Nüsse und Samen sind sehr wertvoll für den Organismus, jedoch nicht im Zusammenhang mit Brot oder anderen Kohlenhydraten.
Wenn Sie zwischen Nüssen und Fleisch wählen möchten, sind Nüsse wegen ihres natürlichen Eiweiß- und Vitamin-E-Gehalts auf jeden Fall vorzuziehen.
Sie wirken sich positiv auf Ihr Herz- und Kreislaufsystem und Ihr Hautbild aus.
Natürliches Eiweiß macht fit, Fleisch dagegen müde und träge.

Sesamsamen sind die größte Calziumquelle überhaupt.

Sie könnten sich jetzt z. B. einen Walnusssalat mit Walnussöl anrichten, oder einen Salat mit Sesamöl und Sesamsamen.
Sie hätten eine gute Rundumversorgung, wenn Sie nur Obst aus dem biologischen Anbau und ca. alle 2 Wochen ungeröstete Nüsse und Sesamsamen verzehren würden.

In Obst ist ebenfalls natürliches Eiweiß vorhanden.
So einfach und unkompliziert könnte Ihre Ernährung auch sein!

Deshalb planen Sie so oft wie möglich wasserhaltige Tage ein.

Nüsse und Samen bitte ungeröstet, da geröstete Ihren Körper übersäuern können!

Es ist ratsamer, keine Erdnüsse zu verzehren. Sie liegen sehr schwer im Magen.
Einige Teilnehmer, die es ausprobierten, bestätigten mir, dass Sie danach heftige Magenbeschwerden hatten. Aber

bitte, auch in diesem Fall eigenes Testen ist immer die beste Information.

Vieles schmeckt zwar sehr gut, ist aber in der falschen Zusammenstellung für unseren Körper nicht bekömmlich.
Schauen Sie sich in Ihrem Verwandten- und Bekanntenkreis einmal um. Dass so viele Menschen erkrankt sind, sollte uns zu denken geben.
Viele Menschen leiden unter so genannten Zivilisationskrankheiten wie Diabetes, Rheuma, Darmkrebs usw.
Sie können im Vorfeld viel für Ihre Gesundheit tun, indem Sie Ihre eigenen Heilkräfte aktivieren.

Daher, das Wochenende steht wieder bevor, beugen Sie mit einem wasserhaltigen Tag vor, wenn Sie Einladungen und Festlichkeiten haben.

Heute möchte ich Ihnen eine neue Variante vorstellen:

Wenn Sie mittags eine Kohlenhydrat-Mahlzeit hatten, z. B. Kartoffeln mit Salat, dürfen Sie ab Ihrem letzten Bissen 3 Stunden später eine Eiweiß-Mahlzeit verzehren.

Nach einer Eiweiß-Mahlzeit, z. B. Tunfisch-Salat, warten Sie bitte nach Ihrem letzten Bissen 4 Stunden.

Nach 3 oder 4 Stunden ist Ihr Magen wieder leer.
Was dürfen Sie auf leeren Magen essen? Obst!!!

Aber nur, wenn Sie mittags eine richtig zusammengestellte Mahlzeit hatten und keine alternative Ernährung, wie z. B. ein paniertes Schnitzel mit Salat und Kartoffeln.
Hier wären Kohlenhydrate und Eiweiß kombiniert und zu viel Konzentriertes verzehrt worden.

Wenn Sie nach Ihrer Obstmahlzeit wieder Kohlenhydrat- oder Eiweiß-Mahlzeiten verzehren möchten, brauchen Sie nur 10 bis 30 Minuten zu warten.
Wenn Sie von Kohlenhydraten oder Eiweiß auf Obst wechseln möchten, dürfen Sie als Zwischenmahlzeit die vegetablen Früchte Tomate, Salatgurke, Paprika verzehren.
Das ist für viele, die nachmittags noch Hunger auf Süßes haben eine schöne Variante.
Dann am Nachmittag 1 Glas Orangensaft, dazu evtl. 1 Stück süße Ananas, Melone oder Mandarine und Ihr Heißhunger ist gehemmt.

Möchten Sie nun von Kohlenhydraten auf Eiweiß wechseln, dürfen Sie als Zwischenmahlzeit Rohkost und Gemüse verzehren.
Wenn Sie an einem Tag von Kohlenhydraten auf Eiweiß wechseln, essen Sie bitte keine Süßigkeiten!!!
Ausnahme:
Hatten Sie mittags eine Eiweiß-Mahlzeit, dürften Sie 4 Stunden später 1 Stück Kuchen verzehren, danach aber nur Rohkost, Salat und/oder Gemüse.

Nach Kuchen o. Ä. dürfen Sie kein Obst mehr essen, weil Kuchen, je nach Zutaten, mindestens 8 Stunden im Magen bleibt!

Bedenken Sie bitte, wechseln Sie nicht täglich Kohlenhydrate und Eiweiß, dadurch muss Ihr Körper wieder wesentlich mehr arbeiten und nimmt Ihnen Energie, mit der er sonst Entgiftungs- oder Heilungsarbeit leisten würde.

Deshalb, je einfacher Ihre Ernährung, desto besser ist das für Ihre Vitalität.

Tagesplanbeispiel

Obst – solange Sie mögen

ca. 12:00 Uhr bis 12:30 Uhr	Folienkartoffel mit Salat und/oder Gemüse
Zwischen-mahlzeit:	Tomate, Salatgurke, Paprika bei Gewichtszunahme auch Avocados
ca. 15:30 Uhr	Obst – solange Sie mögen Ideal bis zur Nachtzeit.
nach 10 Min.	könnten Sie aber auch wieder eine Kohlenhydrat- oder Eiweiß-Mahlzeit verzehren.

Tagesplanbeispiel

Obst – solange Sie mögen

12:00 Uhr bis 12:30 Uhr	Tunfischsalat

Zwischenmahlzeit: Salat und/oder Gemüse, Rohkost

16:30 Uhr	1 Stück Kuchen
anschließend bis zur Nachtzeit:	Rohkost Salat Gemüse

Ihr Kuchen bleibt 8–9 Stunden in Ihrem Magen, daher **kein Obstverzehr** mehr!

In meinen Seminaren werde ich in diesem Zusammenhang öfter gefragt, ob es auch ein richtiger Tagesplan wäre, wenn man erst morgens z. B. mit einem Tomatenbrot beginnt und 3 Stunden später Obst essen würde.

NEIN !!!

Denken Sie bitte daran, Ihr Körper hat morgens seine Entgiftungsphase. Diese sollte ungehindert stattfinden können. Mit anderen Lebensmitteln am Morgen hätten Sie eine große Behinderung, sowohl von der Gewichtsabnahme her als auch von der gesundheitlichen Seite.

Daher bitte immer bis mindestens mittags Obst verzehren!!!

In diesem Sinne, eine wunderschöne Restwoche und ein erholsames oder geselliges Wochenende.

Neutrales Rezept

Kohlsuppe

Zutaten:
1 Kopf Weißkohl
1 grüne Paprika
1 gelbe Paprika
1 rote Paprika
1 kg Möhren
6 große Frühlingszwiebeln
1 Bund Staudensellerie
1–2 TL Frugola-Gemüsebrühe ohne Hefe
6 Tomaten
(Tomaten dünsten, pürieren und zum Schluss unter die Suppe rühren)

Das Gemüse putzen und in Stücke schneiden.

Mit Wasser bedecken und aufkochen. Dann bei mittlerer Hitze gar kochen.

Nach Belieben würzen.

Eiweiß-Rezept

feines Süppchen

Suppenhühnchen
Rindersuppenfleisch
Frugola-Gemüsebrühe, ohne Hefe
Porree
Staudensellerie
Karotten
Zwiebeln
Johannisbrotkernmehl
Eigelb
weißer Pfeffer
wenig Salz

Eiweiß-Rezept

Menü

Vorspeise: Pilzcreme oder Brokkolisuppe

Hauptspeise: Lachs in Zwiebeln und Knobi braten, evtl. mit Weißwein und Sahne ablöschen.

Beilage: Gemüse und Salat

Nachspeise: Käse, Oliven, Nüsse, Weißwein

Kohlenhydrat-Rezept

1. Spaghetti-Rezept

Basilikum
Majoran
Salbei
Petersilie
Käse, 60 %
Knobizehe
Olivenöl

2. Spaghetti-Rezept

Basilikum
Majoran
Salbei
Petersilie
Brokkoli
Knobizehe
Olivenöl
Zwiebel

Persönliche Notizen

5. Kursstunde

Liebe Leserin, lieber Leser,
es ist schön, dass Sie sich wieder Zeit für Ihr Wohlbefinden nehmen, und ich begrüße Sie recht herzlich zu Ihrer 5. Kursstunde.

Heute sind genau 14 Tage vergangen, seit Sie mit Ihrer Ernährungsumstellung begonnen haben.

Sie haben bis jetzt, wenn Sie sich an meine Empfehlungen zumindest bis zu 90 % gehalten haben, ca. 4–8 kg von Ihren Pfündchen reduziert und schon gute gesundheitliche Verbesserungen erzielt.
Das sind sehr schöne Erfolge.

Damit sich alles bisher Gelesene manifestiert, nochmals eine kurze Wiederholung.

- Jeden Morgen wiegen und abmessen.
- Die allerwichtigste Regelung ist, dass Sie Obst richtig verzehren.
- Obst immer nur auf leeren (nüchternen) Magen und nie mit anderen Lebensmitteln kombinieren.
- Wasserhaltige Früchte verlassen nach 10 Min., Bananen, Trockenfrüchte, Avokados nach 30 Min. den Magen.
- **Ab sofort jede Stunde 1 Glas Wasser (0,2 l) trinken!!!**
- Frisch gepresste Säfte oder Säfte mit 100 % Fruchtgehalt ohne Zucker und Süßstoff bis max. ³/₄ l pro Tag.
- Kaffee oder schwarzen Tee max. 3 Tassen ohne Milch, Zucker und Süßstoffe!!!
- Tee unbegrenzt z. B. Rooibos Vanille oder grüner Tee
- Ihr Körper besteht zu ca. 70 % und Ihr Gehirn zu ca. 90 % aus Wasser. Deshalb pro Tag mind. 70 % wasserhaltige Nahrung wie z. B. Obst, Rohkost, Salate und Gemüse verzehren. Bei Gewichtsreduktion keine Bananen, Trocken-

früchte, Papayas, Mangos, Pflaumen, Zuckermelonen, Trauben- und Ananassaft konsumieren.
Bei Gewichtszunahme und -erhaltung dürfen diese Früchte und Säfte verzehrt werden.

- Vegetable Früchte = Tomate, Paprika, Salatgurke, Zwiebel.
  Bei Gewichtszunahme und -erhaltung auch die Avokado.
- Frische oder gefrorene Gemüsesorten.
- Je frischer und einfacher Ihre Ernährung ist, desto frischer und vitaler fühlen Sie sich.
- Pilze und Mais sind sehr stärkehaltig, ebenfalls Brot und Nudeln = Vorsicht, ca. 70 % der Menschen haben durch diese Lebensmittel eine Gewichtszunahme oder einen Stillstand.
- Pro Tag max. 30 % Kohlenhydrate und mind. 70 % Wasserhaltiges oder max. 30 % Eiweiß und mind. 70 % Wasserhaltiges. Bei Bedarf auch Wechsel von Kohlenhydraten auf Eiweiß möglich.
- 3 Stunden nach einer Kohlenhydrat-Mahlzeit können Sie Obst und danach eine Eiweiß-Mahlzeit verzehren.
- 4 Stunden nach einer Eiweiß-Mahlzeit können Sie Obst und danach eine Kohlenhydrat-Mahlzeit verzehren.
- Je öfter Sie wechseln, desto stärker muss Ihr Stoffwechsel arbeiten, was für Sie Energieverlust bedeutet.
- Daher ist für Ihren Energiezuwachs und Ihre Vitalität am besten: je einfacher, umso besser.
  Zum Beispiel:
  - solange Sie mögen Obst
  - den vegetablen Salat
  - oder die vegetable Gemüsepfanne
  - anschließend wieder Obst
  - abends z. B. 1 Folienkartoffel mit selbst gemachter Kräuterbutter, dazu unbegrenzt Salat oder/und Gemüse.
- 50/50-Regelung am Wochenende.

- Montags grundsätzlich einen wasserhaltigen Tag mit Obst, Rohkost, Salat, Gemüse.
- Wenn Sie zwischendurch Kaugummis und Bonbons kauen oder lutschen, regen Sie die Verdauungssäfte an und hemmen somit die Fettverbrennung.
- Senf ohne Zucker und Süßstoffe!
- Gewürze ohne Glutamate, Monoglutamate, Süß- und Farbstoffe.
- Möchten Sie eine Gemüsebrühe verwenden, dann bitte nur Frugola ohne Hefe.
- Berberitzenbeeren bei Verdauungsproblemen, Rheuma, Gicht, Gelenkschmerzen, Infekten usw.
- Spirulinaalgen enthalten wertvolle Vitamine und sind entschlackend und verdauungsfördernd.
- Natrium-Chloratum D6: Wenn Sie auf Brot reagiert oder Wasseransammlungen haben.
- Verdauung täglich?! Bei jahrelangen Verdauungsproblemen – evtl. Darmspülungen!
- **Alkohol:** Wenn überhaupt mal 1–2 Gläser trockenen Sekt, Wein, Bier.
- Ihr/Ihre Naturheilarzt/-ärztin oder Heilpraktiker/in konnte Sie auf pflanzliche Medikamente umstellen?! Ohne Mais-, Weizenstärke, Milchzucker oder Laktose.
- 1 Kleidergröße entspricht ca. 4,5–5,5 kg.

Dies alles nochmals zu Ihrer Erinnerung und zum Festigen in Ihr Unterbewusstsein, so dass Sie schon fast frei von den Gedanken sind, wie oder was kann ich essen und in welcher Kombination.

Sie, liebe Leserin, lieber Leser, haben genau wie meine Kursteilnehmer/innen bis jetzt sehr gut die Pfündchen reduziert und fühlen sich schon wesentlich besser?

4 kg Gewichtsreduktion sind genauso perfekt wie 8 kg. 2 kg pro Woche sind ein super Erfolg!

Viele von Ihnen haben jetzt schon eine Kleidergröße weniger, und bei einigen dürfte sogar diese Kleidung auch schon wieder locker sitzen. Dadurch fühlen Sie sich insgesamt schon leichter und wohler. Das sind jedoch nur 20 % Ihres Wohlbefindens. Sie können Ihr gesamtes Wohlbefinden noch zu 80 % steigern.

Wir kommen daher heute zu Gewohnheitsveränderungen!

Sie haben bis jetzt viel geschafft, bitte belohnen Sie sich. Aber bitte nicht mit Kuchen und Eis!!!

Sie, liebe Leserin, lieber Leser, sind der wichtigste Mensch in Ihrem Leben. Wenn es Ihnen gut geht, geht es auch Ihrer Familie und Ihren Mitmenschen gut.
Schenken Sie sich etwas Schönes, z. B. einen besonders schönen Blumenstrauß, ein tolles Buch, ein neues Parfüm, gönnen Sie sich einen Besuch bei einer Kosmetikerin, eine Massage oder einen Saunabesuch.
Vielleicht auch eine neue Haarfarbe oder insgesamt eine neue Frisur.
Zeigen Sie sich und Ihren Mitmenschen, dass Sie Lebensfreude haben.
Durchbrechen Sie Ihre alten Verhaltensmuster, wie z. B. abends aus Langeweile oder Frust zu essen. Belegen Sie stattdessen z. B. einen Kurs bei der VHS. Was wollten Sie schon immer einmal machen, evtl. Aquarelle malen oder einen Tanzkurs belegen? Werden Sie aktiv, tun Sie ausschließlich etwas für sich persönlich. Ihre Familie und Ihre Mitmenschen werden von Ihrer Ausgeglichenheit und guten Laune begeistert sein. Jedoch das Allerwichtigste ist, Sie alleine fühlen sich dadurch viel besser.

Ihre Gesundheit dankt es Ihnen, und Sie haben somit den Kreislauf Ihrer alten Gewohnheiten durchbrochen.
Ich wünsche Ihnen viel Glück und Erfolg bei Ihren Gewohnheitsveränderungen.

An Lebensmitteln sollten Sie bitte immer Säfte, Obst, frisches und gefrorenes Gemüse vorrätig haben, so dass Sie immer eine richtige Auswahl haben. Empfehlenswert sind Bioprodukte. Bioobst und -gemüse enthalten mehr Vitamine und sind wesentlich schmackhafter als konventionell angebaute Sorten. Je nach Saison bestehen nur geringe Preisunterschiede, bitte testen und vergleichen Sie. Ihre Gesundheit ist Ihr höchstes Gut. Gespritztes Obst vor dem Verzehr bitte waschen und schälen. Bei Bioobst und -gemüse kann nach dem Waschen, je nach Sorte, die Schale mitverzehrt werden. Geben Sie, Ihrer Gesundheit zuliebe, dem Körper so oft wie möglich wasserhaltige Lebensmittel aus dem biologischen Anbau.

Verändern Sie sich auch bitte dahingehend, dass Sie aktiv werden und sich mit Gleichgesinnten zusammenschließen, evtl. durch eine Kleinanzeige oder Infowand in Supermärkten, so dass Sie Bioware im Supermarkt beziehen können. Oder versuchen Sie mit einer größeren Gruppe in Biogeschäften oder auf -bauernhöfen durch eine regelmäßige wöchentliche Abnahme einen Preisnachlass auszuhandeln.

Weitere Gewohnheitsveränderungen könnten z. B. sein, wenn Sie zum Frühstück, Nachmittagskaffee oder Abendessen einladen, dass Sie morgens verschiedene Fruchtsäfte und Teesorten anbieten. Dekorieren Sie ein Obstbuffet, und stellen Sie zusätzlich belegte Brötchen mit Salatblättern, Tomaten, Gurke usw. hinzu. Weiterhin können Sie auch eine Obstbowle ohne Alkohol anbieten.

Zum Nachmittagskaffee, gerade im Sommer, bietet sich ebenfalls ein Obstbuffet mit Obstbowle besser an als Sahnetorte. Topfkuchen könnten Sie noch zusätzlich anbieten. Aus eigener Erfahrung und Rückmeldungen meiner Teilnehmer weiß ich, dass das Obst als Erstes verzehrt wird. Abends könnten Sie z. B. einen vegetablen Salat, zusätzlich noch die vegetable Gemüsepfanne, einen frischen gemischten Salat, Fisch, Geflügel und vorab eine Minestrone anbieten.
Es gibt viele Möglichkeiten, aber bitte erwarten Sie nicht, dass andere ihr Leben verändern. Beginnen Sie mit diesen Veränderungen, und Sie werden von dem positiven Verlauf Ihrer weiteren Lebenssituation überrascht sein.

Jetzt kommen wir zu Ihrer Vorstellungskraft und zu einer sehr wichtigen Handlung, die Sie vor dem Jo-Jo-Effekt bewahren kann.

Sie, liebe Leserin, lieber Leser, dürften jetzt schon eine Kleidergröße weniger haben. Deshalb eine ganz wichtige Handlung. Ihre bisher zu groß gewordene Kleidung sortieren Sie bitte konsequent aus. Viele Teilnehmer berichten, dass Sie mehrere Kleidergrößen in Ihrem Kleiderschrank haben.
Wenn Sie Ihre zu groß gewordene Kleidung behalten, teilen Sie somit Ihrem Unterbewusstsein mit, da könnte ich evtl. noch einmal hineinpassen. Weil Sie in der Vergangenheit immer wieder diesen Jo-Jo-Effekt hatten, ist das Aussortieren oder Abnähen ohne Sicherheitssaum ein wichtiger Loslassungsprozess.
Hängen Sie sich stattdessen ein Lieblingskleidungsstück an Ihren Kleiderschrank, und stellen Sie sich immer wieder vor, dass Sie in dieses Kleidungsstück schon wieder hineinpassen.
Viele von Ihnen denken jetzt, Sie würden sich so selbst be-

lügen. Das ist jedoch eine Denkweise, die noch zu Ihren alten Gewohnheitsmustern gehört.

Probieren Sie einfach meine empfohlene Denkweise aus, und Sie werden über Ihr Wohlbefinden und den dazugehörigen Erfolg überrascht sein.

Obst bis mittags zu verzehren ist hoffentlich auch zu Ihrer neuen Lebensart geworden und tut Ihnen sehr gut.

Deshalb ist es empfehlenswert, veränderten Gewohnheiten und Denkweisen offen gegenüberzustehen.
Zurzeit denken Sie vielleicht auch noch, Ihre Pfündchen und Ihre Körperform haben sich schon zum Vorteil verändert. Jedoch denken Sie vielleicht, Sie hätten immer noch genügend Fettpölsterchen an Bauch, Beinen, Po usw.

Da Ihr Unterbewusstsein zum Glück nur immer Ihre zuletzt gedachten Botschaften speichert, können Sie diese negative Denkweise sofort in eine positive wandeln.

Deshalb lesen Sie bitte ab heute folgende Affirmation 3x täglich.

Ich habe schon <u>sehr gut</u> an
Bauch, Po, Beinen usw. abgenommen!

Stellen Sie sich dabei bildlich vor, wie Sie schon wieder in Ihre Lieblingskleidung hineinpassen.

Aber auch in Ihren anderen Lebensbereichen wären verschiedene Veränderungen einmal zu überdenken.

Welchen seelischen oder häuslichen Ballast <u>tragen Sie mit sich herum?</u>

Vor was sollen Ihre Pfündchen Sie schützen?

Befreien Sie sich bitte für Ihr persönliches Wohlbefinden von Dingen, die Sie seit ca. einem Jahr nicht mehr benötigt oder gebraucht haben. Ebenfalls von allem, was Ihnen nicht gut tut und Ihnen Freude nimmt.

Es gibt immer eine Lösungsmöglichkeit oder eine andere Sichtweise der jeweiligen Situation.

Daher sortieren Sie bitte ab sofort konsequent Ihre Schränke, Keller, Dachböden, Garagen, Gartenhäuser usw. aus.
Nehmen Sie sich konsequent pro Tag, pro Woche oder pro Monat, je nach Arbeitsaufwand, eine Räumlichkeit vor.
Diese Arbeit beenden Sie empfehlenswerterweise konsequent und beginnen danach mit der nächsten Arbeit.

Viele Menschen halten sich größere Wohnungen oder mieten zusätzlich Garagen, um Ihren Ballast, den Sie doch nicht mehr gebrauchen, unterzustellen.
Selbst wenn man nochmals evtl. 1 Teil gebrauchen würde und es neu erwerben müsste, wäre das viel preiswerter und vor allem wesentlich weniger belastend, als all diese Dinge aufzubewahren, zu pflegen und sogar dafür zusätzlich Miete zu zahlen.

Sie werden nach dem Ausräumen feststellen, wie befreiend und erleichternd diese Aktion sich auf Ihr seelisches und körperliches Wohlbefinden ausgewirkt hat.

Mehr zu diesem Thema finden Sie im Buch „FENG SHUI gegen das Gerümpel des Alltags“ von Karen Kingston.

Liebe Leserin, lieber Leser,
für viele von Ihnen wird allein durch diese Aktion eine Gewichts- und gesundheitliche Verbesserung eintreten.

Bei menschlichen Beziehungen fragen Sie sich bitte ehrlich: Tun sie mir alle gut? Was können Sie persönlich verändern, damit es Ihnen seelisch gut geht? Nehmen Sie in speziellen Fällen bitte therapeutische Hilfe in Anspruch. Es geht hier um Ihre persönliche Gesundheit. Solange Sie Ballast mit sich herumtragen, können Sie nicht wirklich glücklich werden.

Deshalb ein kleiner Denkanstoß!

Was wären Sie gerne als Kind geworden, oder was würde Ihnen so viel Freude machen, dass Sie es auch ehrenamtlich tun würden?
Lassen Sie sich in Ihren Lieblingsberuf umschulen, oder besuchen Sie die Abendschule.

Fragen Sie sich bitte, womit Sie anderen Menschen helfen könnten und was ihnen gut tun würde.
Wenn Sie diese Richtung wählen, wird sich vieles in Ihrem Leben positiv verändern, unter anderem Ihre Essgewohnheiten.
Weil Sie sich dadurch mit freudigen Dingen umgeben, sich beschäftigen und Sie damit gleichzeitig Ihr Frustessen umgehen.

Durchbrechen Sie auch bitte das alte Verhaltensmuster „den Teller leer essen zu müssen“. Hören Sie bitte auf Ihren Körper, wann er gesättigt ist.

Sie sind kein Abfalleimer, in den überschüssige Reste hineinmüssen.

Bitte gehen Sie wertvoll mit sich und Ihrem Körper um!

Sie sollten auch bedenken:

Sie sind individuell und einzigartig.
Befreien Sie sich von evtl. Konkurrenzdenken.
Sie, liebe Leserin, lieber Leser,
sind genau so richtig, wie Sie sind.

Damit Sie nach Wochenenden und Feierlichkeiten immer noch Ihr Wohlfühlgewicht haben, nehmen Sie bitte 1–2 kg mehr ab, als Sie sich zum Ziel gesetzt hatten. Somit hätten Sie immer einen Puffer zu Ihrem Wohlfühlgewicht.
Auch im Alltag und in anderen beruflichen Situationen können nur Sie eine neue Veränderung herbeiführen. Verlassen Sie sich dabei bitte nicht auf Ihre Mitmenschen.

Sie sind für sich verantwortlich!!!

Daher, wenn Sie z. B. bei Ihrer Bügelwäsche Schokolade oder sonstiges vertilgen, nur weil Sie diese Arbeit nicht gerne verrichten, sollten Sie eine Veränderung herbeiführen.
Z. B. mehr bügelfreie Kleidung kaufen oder die Arbeit mit einer Freundin tauschen. Sie putzen z. B. gerne Fenster, und Ihre Freundin bügelt gerne.

Oder gehen Sie einige Stunden in Ihrem Lieblingsjob arbeiten und lassen Ihre Wäsche bügeln.

Sollten Sie finanzielle Sorgen haben, nehmen Sie bitte die Hilfe einer Schuldnerberatung in Anspruch.

Sie schaffen eine neue Lebenssituation, wenn Sie es wirklich wollen!

Mit diesen Beispielen, liebe Leserin, lieber Leser, möchte ich Ihnen mitteilen, Sie allein sollten bitte aktiv werden. Nur dadurch wird sich Ihr Leben positiver gestalten und zu Ihrem persönlichen Wohlbefinden beitragen.
Wir dürfen anderen Menschen die Verantwortung für unser Leben nicht übergeben, denn wir persönlich sind für unser Glück und unsere Gesundheit verantwortlich.

Mit diesen neuen Informationen wünsche ich Ihnen bis übermorgen ein frohes Schaffen.

Mit Musik und Freude erledigen Sie Ihre Arbeiten noch leichter. Viel Spaß dabei und alles Liebe.

Neutrales Rezept

Minestrone

Sellerieknolle
Paprikaschoten (rot/gelb/grün)
Karotten
Zucchini
Staudensellerie
Zwiebeln
Knobi
Salz
Olivenöl
Frugola-Gemüsebrühe ohne Hefe

Eiweiß-Rezept

Muschel-Fisch-Creme

naturell eingelegte Muscheln
Kabeljau
Frugola-Gemüsebrühe ohne Hefe
Karotten
Zwiebeln
Butter
Safran
Johannisbrotkernmehl
Eigelb
Pfeffer
Rosmarin

Eiweiß-Rezept

Griechische Gemüsespieße mit Joghurtdip

Zutaten für 8 Grillspieße:
1 gelbe und 1 rote Paprikaschote
16 Scheiben Salatgurke
1 kleine, dünne Zucchini
1/2 kleine Aubergine
200 g Schafskäse
16 Cocktailtomaten

Marinade:
4 El Olivenöl
Salz
frischer Pfeffer
1 Prise Paprikapulver
je 1/2 TL Oregano, Thymian, Rosmarin

Joghurtdip:
250 g Naturjoghurt
1 EL saure Sahne
1 Zwiebel
je 1/2 TL Knoblauchpulver, Salz, schwarzer Pfeffer
4 EL gehackte Küchenkräuter (Petersilie, Schnittlauch, Basilikum usw.)

Zubereitung Grillspieße:
Die Paprikaschoten vierteln, putzen und waschen. Anschließend die Schoten in etwa 3x3 cm große Stücke schneiden. Die Salatgurke in ca. 1 cm dicke Scheiben schneiden. Die Zucchini putzen, waschen und quer in 1 cm

dicke Scheiben zerteilen. Die Auberginenhälften in 16 mundgerechte Würfel, den Schafskäse in ca. 2x2 cm große Stücke schneiden. Die Cocktailtomaten waschen.

Für die Marinade Olivenöl mit Salz, Pfeffer, Paprikapulver sowie Oregano, Thymian und Rosmarin verrühren.

Die Marinade in eine Schüssel geben, und die Gemüsestücke – bis auf die Tomaten – darin schwenken. Nun auf 8 Holzspieße abwechselnd je 2 Paprikastücke, Salatgurken- und Zucchinischeiben, Auberginen- und Schafskäsewürfel sowie Tomaten stecken. Die Spieße auf dem Grill etwa 10–15 Minuten rösten. Dabei häufiger wenden.

Joghurtdip ...

Kohlenhydrat-Rezept

Kartoffelsalat

Kartoffeln
Schmand
Olivenöl
Zwiebeln
Pfeffer
Salz

Zur Dekoration Tomaten

Omas Rezept, einfach – jedoch sehr beliebt.

Persönliche Notizen – Gewicht

Tage	1.	2.	3.	4.	5.	6.	7.
Datum							
Gewicht							
Gewichts- stillstand							
Gewichts- zunahme							

Persönliche Notizen – Maße

Tage	1.	2.	3.	4.	5.	6.	7.
Datum							
Arme							
Brust							
Taille							
Bauch							
Becken							
Po							

Persönliche Notizen – Maße

Tage	1.	2.	3.	4.	5.	6.	7.
Datum							
O.-Schenkel							
Knie							
Wade							
Fußgelenk							

Persönliche Notizen

6. Kursstunde

Liebe Leserin, lieber Leser,
recht herzlich begrüße ich Sie zu Ihrer sechsten Kursstunde und wünsche Ihnen einen wunderschönen Tag, der mit Liebe und Frieden erfüllt ist.

Haben Sie von vorgestern bis heute bis zu 2 kg Gewichtsreduktion geschafft?
Ich muss immer wieder daran erinnern, ob Sie zu wenig getrunken haben, eine Einladung hatten oder Sie, liebe Leserin, kurz vor Ihrem Zyklus stehen, denn viele bedenken diese Dinge oft nicht, jedoch erklärt sich damit eine Gewichtsreduktion von 500 g bis 1000 g. Und bitte messen Sie sich, Ihr Umfang kann auch weniger werden, ohne dass die Waage Ihnen eine Reduktion anzeigt.
Freuen Sie sich über jedes Gramm und jeden Zentimeter Umfang, den Sie reduziert haben. Sind Sie bitte liebevoll zu sich und frei von Frust und Druck.
Je entspannter Sie Ihre neue Ernährungsform leben, desto schnellere Erfolge erzielen Sie.

Deshalb lesen und leben Sie bitte die Themen:

– Entspannung, Vorstellungskraft und Wirkung Ihres Unterbewusstseins –

Diese Themen sind von größter Wichtigkeit für Ihren Dauererfolg sowohl in der Gewichtsreduktion und -erhaltung als auch im gesundheitlichen Bereich.

Liebe Leserin, lieber Leser, fangen Sie bitte jetzt mit einer sehr wirkungsvollen Atemübung an.
Diese sollten Sie bitte mindestens 3x hintereinander durchführen.

Setzen Sie sich jetzt bitte bequem hin, Ihre Füße stellen Sie bitte fest auf den Boden, und Ihre Hände legen Sie oberhalb Ihres Bauches (Sonnengeflecht/Solar plexus).

Ihren Bauch drücken Sie dann heraus (gegen Ihre Hände) und atmen tief durch die Nase ein. Im Rhythmus von 4–7 gezählten Sekunden, sowie es für Sie angenehm ist.
Dann halten Sie Ihren Atem kurz an, ca. 4–7 Sekunden, und atmen danach langsam, im Rhythmus von 4–7 gezählt, durch Ihren Mund aus.
Bei Ihrer Einatmung stellen Sie sich bitte vor, dass Sie heilende weiße Lichtenergie einatmen, die all Ihre Innenorgane, Zellen (DNS-Zellen) durchströmt. So als würden Sie unter einer Lichtdusche stehen, die Sie, vom Kopf beginnend bis weit unter Ihre Füße, mit heilender, weißer Lichtenergie durchfließt.
Wenn Sie Verspannungen, Schmerzen oder Unwohlsein haben, können Sie diese Atmung so oft durchführen, wie es für Sie angenehm ist.
Zur Erinnerung an diese tägliche wichtige Atmung hängen Sie sich am besten zu Ihrer eigenen Unterstützung einen Zettel an den Bad- oder Schlafzimmerspiegel.
Diese Atmung ist aus vielen Gründen sehr wichtig.
Wenn Sie sich glücklich und entspannt fühlen, ist Ihre Atmung ruhig und gleichbleibend. Haben Sie aber wie sehr viele Menschen Stress, Ärger, Sorgen, ist die Atmung oft unruhig und schneller.
Vor allem, wenn Sie sich über etwas aufregen, erhöht sich Ihre Atmung sofort. Dadurch können säurebildende Stoffe entstehen, die Ihrer Gesundheit nicht förderlich sind.
Sie können sich 100 % gesund ernähren, haben aber keine Freude, sondern Sie setzen sich ständig unter Druck, sind gestresst und evtl. unzufrieden mit sich und Ihren Mitmenschen, dann kann Ihnen die beste Ernährung nicht zu vollkommener Gesundheit und Glücklichsein verhelfen.

Denn Ihr seelisches Wohlbefinden sind mindestens 80 % Ihrer Gesundheit und Ihres Glückes.

Daher ist es sehr wichtig, wenn irgendetwas Sie aus der Fassung bringt, dass Sie erst einmal ruhig durchatmen und dabei von 1–7 zählen.
Versuchen Sie dann, der jeweilige Situation sofort freundlich gegenüber zu stehen, egal ob es sich dabei um Ihre Mitmenschen handelt, ein Arbeitsprojekt oder um Sonstiges. Bleiben Sie bitte frei von jeglicher Aufregung, denn in der Ruhe finden Sie immer eine Lösung, denn wenn Ihre Atmung ruhig ist, können Sie klare Entscheidungen treffen, weil Sie so viel konzentrierter sind. Aber das Allerwichtigste ist Ihre Gesundheit.
Deshalb denken Sie einmal über Dinge nach, die Sie zzt. stressen, und ob sich Ihre bisherigen Aufregungen gelohnt haben. Überlegen Sie, ob Sie sich in einer Stunde, einer Woche oder einem Jahr noch darüber aufregen würden.
Deshalb bleiben Sie bitte in Ihrem eigenen Interesse ruhig. Ich weiß, dass es in gewissen Situationen manchmal sehr schwer ist. Aber auch Sie können es schaffen, indem Sie kurz durchatmen, evtl. das Zimmer verlassen oder sich wirklich beim Einatmen auf Ruhe und Frieden konzentrieren, denn die Stresssituation geht auch ohne Ihre Aufregung vorbei, und Sie haben damit die Möglichkeit, frei zu bleiben von gesundheitlichen Beschwerden wie z. B. Bluthochdruck, Magenschmerzen, Herzbeschwerden; sollten solche Beschwerden schon bestehen, diese zu lindern oder ganz zu heilen.

Wenn Sie sehr viele Sorgen und Stresssituationen haben, empfehle ich Ihnen aus eigener Erfahrung, sich einmal ganz zur Ruhe zu setzen.
Wenn die Möglichkeit besteht, können Sie diese Ruhephase Zuhause, in einem Hotel, in einer stillen Pension

oder im Kloster für 1 bis 5 Tage absolvieren. Dort wären absolutes Schweigen und Nichtstun angesagt. Kein Spaziergang, kein Radio, kein Fernsehen, kein Telefon, nur dasitzen und hinaus in die Natur schauen, damit Körper, Geist und Seele einmal gleichbleibend zur Ruhe kommen.
Sie denken jetzt vielleicht: „Das schaffe ich nie!" Genau das gleiche habe ich auch gedacht. Aber ich habe es 5 Tage geschafft. Daher kann ich es wirklich weiterempfehlen.
In dieser absoluten Ruhe erkennt man, wie sinnlos es ist, gestresst zu sein und irgendwelchen Erledigungen oder Verpflichtungen hinterherzuhetzen.

Wenn Sie, liebe Leserin und Leser, an Depressionen leiden, empfehle ich Ihnen, dieses Schweigen unter Aufsicht oder in der Gruppe zu praktizieren.

Sie können auch mit einem Tag oder einem Wochenende beginnen, das Wichtigste ist, dass Sie beginnen und dass Sie Ihre innere Ruhe finden.
In dieser Ruhephase kann es vorkommen, dass Sie sehr müde werden, völlig nervös sind, sehr unruhig sind oder auch vielleicht weinen.
Lassen Sie diese Gefühle zu, weil das der Beginn ist, wo sich alte Blockaden und Ängste lösen können. In dieser Stille ist ein zusätzliches Beten, unabhängig von einer Religion, sehr hilfreich. Vielleicht haben Sie seit der Kindheit nicht mehr gebetet, reden Sie sich einfach Ihre Sorgen im Gebet von der Seele.
Es befreit, und es ermöglicht es Ihnen, in der Stille wieder Ihre innere Stimme wahrzunehmen, so dass Sie sich die Möglichkeit geben, eigene Lösungen für Ihre Probleme zu erhalten.

Wenn Sie in nächster Zeit keine Möglichkeit haben, sich für 1 bis 5 Tage zurückzuziehen, empfehle ich Ihnen, dass Sie sich entsprechend Ihrer persönlichen Situation und Neigung eine Entspannungsübung wählen.

Zum Beispiel:
- Autogenes Training
- Entspannung nach Jakobsen
- Tai Chi
- Qi-Gong
- Meditation
- Energiezentren (Chakren) reinigen und harmonisieren

Dabei lernen Sie Entspannungstechniken, die Ihnen dabei helfen, von Ihrem Alltag loszulassen und in Ihrer Mitte ruhen zu können.

Eine wunderbare, entspannende und positive Beeinflussung Ihres Unterbewusstseins ist ebenfalls das Kassettenprogramm von Dr. Hans Grünn, Media-Verlag, Düsseldorf. Das Tolle an diesen Kassetten ist: Man hat keine Entschuldigung, aus Zeitgründen die Kassette nicht zu hören.
Sie wirkt im Schlaf, das heißt, Sie können abends diese Kassette einschalten und dabei einschlafen. Ihr Unterbewusstsein lässt Sie, wenn es Ihnen so wie meinen Teilnehmern ergeht, wunderbar träumen und schlafen.
Sie wachen in der Regel morgens frischer und entspannter auf. Ich persönlich kann dieses Kassettenprogramm nur empfehlen:
Einfach zuhören und schlank werden und bleiben.
Und:
Einfach zuhören und selbstbewusst werden.

Ich weiß aus meinen Beratungen, dass sehr viele Übergewichtige nicht mehr das nötige Selbstvertrauen haben. Daher sind beide Kassetten sehr unterstützend.

Im 1. Kassettenprogramm geht Herr Dr. Hans Grünn auch auf Ihre Vorstellungskraft ein, und im Hintergrund hören Sie angenehmes Wellenrauschen.

Im 2. Kassettenprogramm wird Ihr Selbstbewusstsein gestärkt. Viele Teilnehmer berichten mir schon nach dem 1. Hören, dass Sie unterstützende Wirkungen verspüren.

In jedem Kassettenprogramm befinden sich 2 Kassetten.
A ist eine besprochene Tiefen-Entspannung,
B ist eine Subliminalkassette mit beruhigender Musik.

Hiermit habe ich Ihnen einige Entspannungsmöglichkeiten aufgezeigt.
Ich wünsche Ihnen, dass Sie für sich die angenehmste Entspannung finden und Sie sich dadurch zusätzlich noch wohler fühlen.

Da das Wochenende bevorsteht, probieren Sie doch sofort einmal eine solche Veränderung aus, indem Sie einfach alle Einladungen absagen und Ihr Wochenende in totaler Ruhe und Entspannung genießen und sich dabei auf die nachfolgenden Sätze besinnen!
Sie werden feststellen, dass Sie nichts verpasst haben, sondern eine Bereicherung erlebt haben.

Aus meinen Kursen weiß ich, dass viele Menschen Ihr Unterbewusstsein noch nie für Ihre Gesundheit und die Gewichtsreduktion eingesetzt haben.
Ich erwähnte schon in der 5. Kursstunde, dass diese veränderte mentale Denkweise Ihren dauerhaften Erfolg unterstützt.
So dass Ihre alten Gewohnheiten, die Sie viele Jahre hatten, immer mehr weichen, zu Gunsten Ihres Wohlbefindens.

Weiterhin helfen Ihnen dabei die nachstehenden positiven Formulierungen, auch Affirmationen genannt.

Diese Affirmationen lesen Sie bitte täglich mindestens 3x hintereinander.
Damit festigen Sie sie in Ihrem Unterbewusstsein.
Ihr Unterbewusstsein können Sie sich wie kleine Wesen vorstellen, die auf Ihre Gedanken und die von Ihnen gesprochenen Worte hören und diese ausführen.

Ob Sie Gutes oder weniger Gutes über sich, andere und diverse Lebenssituationen denken oder sagen, wird dabei nicht überprüft.
Deshalb ist diese neue Denk- und Formulierungsweise, als hätten Sie schon alles das erreicht, was Sie sich wünschen und vorstellen, so wichtig für Sie. Liebe Leserin, lieber Leser, Sie können damit Ihr persönliches Leben lenken und führen.

Bitte fangen Sie jetzt mit Ihren Affirmationen an und lesen diese mindestens 3x hintereinander.

– Ich, *(Ihr Name),* habe mich von allen alten Gewohnheitsmustern gelöst, die meiner bisherigen Gewichtsreduktion, meiner Gesundheit und meinem Glück im Wege standen.

– Ich bin schlank und völlig gesund.

– Ich bleibe schlank und völlig gesund an Körper, Geist und Seele.

Dann ein ganz wichtiger Satz!!!

– Ich liebe mich und akzeptiere meinen Körper.

Die meisten Übergewichtigen oder Menschen mit einer

Essstörung wie auch Bulimieerkrankte mögen sich im Spiegel „dieses Elend“ nicht mehr ansehen.
Diese Formulierung höre ich leider sehr oft.

Nur mit dieser Denkweise blockieren Sie Ihre Gewichtsreduktion und fördern Ihre Essstörungen.
Bitte lieben und akzeptieren Sie sich so, wie Sie zzt. sind, damit könnten Sie schon die erste Blockade lösen.

Stellen Sie sich bitte einen Moment vor, dass Sie sich so lieben und akzeptieren, wie Sie jetzt sind. Unabhängig von irgendwelchen anderen Normen, angeblichen Idealen und Schönheitsdogmen.

Spüren Sie die große Erleichterung, die sich entfaltet, wenn dieser Druck von Ihnen abfällt?

Daher: Je mehr Sie sich lieben und je weniger Druck Sie sich aussetzen, desto schneller erreichen Sie Ihr Ziel.

Sollten Sie zwischendurch einmal unzufrieden sein, dann formulieren Sie bitte sofort 3x hintereinander, dass Sie sich lieben und akzeptieren.

Bedenken Sie bitte:

Sie sind individuell und einzigartig.
Befreien Sie sich von evtl. Konkurrenzdenken.
Sie, liebe Leserin, lieber Leser,
sind genau so, wie Sie zzt. sind, richtig!

Weitere Affirmationen sind:

– Ich trinke regelmäßig und ausreichend, und mein Wohlbefinden steigert sich von Tag zu Tag. Damit helfen Sie Ihrem Unterbewusstsein, dass Sie jede Stunde mindestens 0,2 l Wasser trinken.

- Ich, *(Ihr Name),* habe mich von meiner Esssucht befreit.

- Ich verzeihe mir selbst.
  Ein ganz wichtiger Satz nach alternativem Essen wie Eis, Geburtstagsessen usw.

- Ich, *(Ihr Name),* befinde mich im Prozess positiver Veränderungen.

- Bei jedem Atemzug atme ich heilende weiße Lichtenergie ein.

Die weiteren Leerzeilen sind für Ihre ganz persönlichen Affirmationen gedacht.
Achten Sie aber bitte bei der Formulierung darauf, Verneinungen zu vermeiden, z. B.:

Ich werde nie krank	– wäre eine negative Formulierung.
Ich bin und bleibe gesund	– ist die positive Formulierung.

Noch einige Beispiele:
Sie sind arbeitslos – dann formulieren Sie bitte folgendermaßen:

- Ich danke dafür, dass ich eine neue Arbeitsstelle habe, die mir große Freude bereitet und mir den höchst möglichen Lohn gibt. Dafür danke ich sehr.

Sie haben starke Schmerzen:
- Ich bin vollkommen frei von jeglichem Schmerz.
  Ich bin gesund.

Sie haben zzt. eine unharmonische Partnerschaft:

– Ich danke für meine harmonische Partnerschaft und meine/n liebenswerte/n Partner/in.

Persönlich sage ich mir täglich nachfolgende Affirmation, vollkommen unabhängig von einer Religion:

- Göttliche Ordnung herrscht in allen meinen Angelegenheiten.

Diese Affirmation sage ich mir mindestens 3x am Abend und fast bei jeder roten Ampel. Seitdem verläuft in meinem Leben sehr vieles einfacher und harmonischer. Dafür danke ich sehr.

Auch wenn Ihnen gute Dinge widerfahren sind, danken Sie bitte. Oft nehmen wir vieles als selbstverständlich hin.

- Danken Sie bitte, wenn Sie ein Kinderlächeln sehen. Kinder sind ein Wunder dieser Welt, und wenn wir Kinder beachten, können wir sehr vieles von Ihrer Unbefangenheit lernen.

- Danken Sie bitte, wenn Sie eine schöne Blume oder im Herbst farbenprächtige Bäume sehen. Viele erblindete Menschen würden sich über diesen großen Reichtum erfreuen.

- Danken Sie bitte der Natur, z. B. den Bäumen, für die Kraft, die Sie von ihnen erhalten. Gehen Sie täglich in die Natur, es wird Sie kräftigen und für viele Dinge freier und konzentrierter machen.

- Freuen Sie sich einfach jeden Morgen auf den bevorstehenden Tag und erwarten Sie nur das Beste.

Schreiben Sie sich alle Affirmationen auf einen großen Zettel oder jede einzeln auf Karteikarten. So können Sie diese beliebig erweitern.

Lesen Sie diese positiven Formulierungen am besten kurz vor dem Einschlafen. Im Schlaf arbeitet unser Unterbewusstsein noch verstärkter, weil wir uns dann im entspannten Zustand befinden.

Halten Sie sich bitte mindestens zu 90 % an meine Empfehlungen. Denn so können Sie Ihr Ziel schnell und dauerhaft erreichen und halten.

Viel Erfolg weiterhin, Sie schaffen es!

Ich wünsche Ihnen eine entspannte Restwoche und positive Resultate durch Ihre neue Denkweise.

Bis zur 7. Kursstunde alles Liebe und Gute.

Affirmationsübersicht

- Ich, *(Ihr Name),* habe mich von allen alten Gewohnheitsmustern gelöst, die meiner bisherigen Gewichtsreduktion, meiner Gesundheit und meinem Glück im Wege standen.

- Ich bin schlank und völlig gesund.

- Ich bleibe schlank und völlig gesund an Körper, Geist und Seele.

- Ich liebe mich und akzeptiere meinen Körper.

- Ich trinke regelmäßig und ausreichend, und mein Wohlbefinden steigert sich von Tag zu Tag.

- Ich, *(Ihr Name),* habe mich von meiner Esssucht befreit.

- Ich verzeihe mir selbst.

- Ich, *(Ihr Name),* befinde mich im Prozess positiver Veränderungen.

- Bei jedem Atemzug atme ich heilende weiße Lichtenergie ein.

- Göttliche Ordnung herrscht in allen meinen Angelegenheiten. (Unabhängig von einer Religion.)

- Ich habe alles Alte und Vergangene vergeben und verziehen.

- Ich habe allen Menschen, die mir jemals Leid und Schmerz zugefügt haben, von Herzen vergeben und verziehen, und auch ich habe mir verziehen.

7. Kursstunde

Liebe Leserin, lieber Leser,
zur 7. Kursstunde begrüße ich Sie recht herzlich. Ihr Wohlbefinden müsste sich verbessert und Ihre Pfündchen müssten sich bis zu 7,5 kg reduziert haben. Das nach genau 3 Wochen ist ein stolzes Ergebnis. Selbst Ihre Körperform hat sich schon sichtbar zum Positiven verändert, weiterhin verspüren Sie verbesserte Laune und sind insgesamt positiver gestimmt?!
Meine Teilnehmer empfinden dieses immer als sehr positive Nebenwirkung!

Damit Ihre hoffentlich gute Laune bestehen bleibt, heute nochmals zur Erinnerung:
Sie haben Ihre zu groß gewordene Kleidung schon aussortiert oder ohne Sicherheitssaum abnähen lassen?
Gehören Sie noch zu den Lesern, die diese wichtige Maßnahme nicht erledigt haben?
Bitte in Ihrem eigenen Interesse: Sortieren Sie konsequent aus!!!
Stellen Sie sich bitte immer wieder vor, dass Sie nur noch in Ihre Lieblingsgröße passen. Bitte sortieren Sie größere Kleidungsstücke bis auf evtl. ein Erinnerungsstück aus. Sie wollen doch niemals wieder in diese Kleidung hineinpassen. Deshalb bitte sofort aussortieren!

Sie, liebe Leserin, lieber Leser, die bis zu 7,5 kg erreicht haben, hielten sich bis zu 90 % an meine Empfehlungen. Eine sehr schöne Leistung für Ihre Gesundheit und Ihr Wohlbefinden!

Sie, liebe Leserin, lieber Leser, die weniger abgenommen haben, sollten bitte nochmals folgende Punkte beachten:

– Trinken Sie bitte mindestens 2–3 Liter Wasser pro Tag.

– Verdauung sollten Sie mindestens 1- bis 3x pro Tag haben.

– !!!Medikamente. Haben Sie Ihren Arzt gefragt, ob Ihre homöopathischen, pflanzlichen Medikamente evtl. Milchzucker, Lactose, Maisstärke, Weizenstärke enthalten? Diese Inhaltsstoffe wären eine Behinderung. Alternativ evtl. Tropfen von der Fa. DHU. Klären Sie das bitte mit Ihrem Naturheilarzt oder Heilpraktiker ab.

– Sie hatten viele alternative Wochenenden?

– Größere Festlichkeiten wie Hochzeit usw.?

– Sie haben zu viel Brot, Nudeln, Pilze, Mais etc. verzehrt?

– Sie haben umfangmäßig viele Zentimeter reduziert. 1 Kleidergröße = ca. 5 kg.

Und Sie, liebe Leserin, lieber Leser, gehören zu denjenigen, die dieses Buch aus gesundheitlichen Gründen lesen. Sie haben durch die Entgiftungsphase 2–3 kg an Gewicht reduziert, was für Sie noch ein schöner, positiver Nebeneffekt ist?

Selbst wenn Sie absolut keine Gewichtsreduktion wünschten, sehen Sie es bitte für Ihr körperliches Wohlbefinden als positiv an. Ihre Giftstoffe durften sich auf diesem Wege entsorgen.

Sie, liebe Leserin, lieber Leser, die jetzt noch eine Gewichtszunahme wünschen, essen bitte süße Früchte wie Pflaumen, Trauben, Papayas, Mangos, Avocados, Trockenfrüchte und trinken Sie Ananas- und Traubensaft. Essen Sie

Auberginen, Zuckermais von der Fa. Demeter (Schweizer), erhältlich in Biogeschäften, Pilze, Pfifferlinge, Kokosnüsse und andere diverse Nüsse und Samen. Trinken Sie Kokos- oder Mandelmilch. Zusätzlich natürlich, wie schon erwähnt, Salat, Gemüse usw....

Und bitte bleiben Sie, unabhängig von der Meinung einiger Mitmenschen, Ihren Vorsätzen treu. Sie möchten nur Ihr Bestes und sind oft verunsichert und ängstlich, weil Sie zzt. evtl. noch zusätzlich abgenommen haben. Bitten Sie alle skeptischen Mitmenschen, dass sie Ihre neue Ernährungsweise akzeptieren und dass Sie Ihrem Körper diese Zeit der Entgiftung geben möchten.

Denn sich immer erklären zu müssen wirkt sich nur negativ auf Ihr seelisches Wohlbefinden aus. Versuchen Sie bitte, von Ihrem eigenen und dem Druck der anderen loszulassen. Durch solchen Seelenstress nehmen Sie sonst noch mehr ab.

Essen Sie genügend von den erwähnten Lebensmitteln, besonders von den unterstrichenen zur Gewichtszunahme.

Zusätzlich wäre es ratsam, wenn Sie sehr schlank sind, mit einem Muskelaufbautraining zu beginnen und außerdem eine Entspannungstechnik zu wählen.

Wenn Sie an irgendetwas zwischen Himmel und Erde glauben, ob an Gott, Engel usw., geben Sie Ihre Sorgen bitte ab, und Sie werden in der Regel wieder mit sich, Ihrem Wohlfühlgewicht und Ihrer Gesundheit in Einklang kommen.

Bei vorherigen Beschwerden wie	**Es haben sich bei Ihnen genauso gute gesundheitliche Verbesserungen eingestellt, wie bei meinen Teilnehmern in diesem Zeitraum?**
Asthma	Sie brauchen auch kein Asthmaspray mehr?
Blutdruck	Sie benötigen jetzt nach Absprache mit Ihrem Arzt kein Blutdruckmedikament mehr?
Schilddrüse	Sie kommen super gut mit dem homöopathischen Schilddrüsenmedikament aus? Ihre Schilddrüsenwerte haben sich schon leicht verbessert?
Hormone	Sie nehmen jetzt ein homöopathisches Hormon oder benötigen gar kein Medikament mehr und reduzieren jetzt leichter Ihre Pfündchen und fühlen sich sehr wohl?
Tagesmüdigkeit	Sie fühlen sich wie neugeboren? Ein Ausdruck, den mir viele Teilnehmer nennen, weil Ihre Tagesmüdigkeit absolut verschwunden ist und sie ihre Alltagsarbeiten mit Leichtigkeit erledigen können.
Neurodermitis Schuppenflechte	Sie sind fast beschwerdefrei von Neurodermitis oder Schuppenflechte?

Heuschnupfen	Sie sind zu 99 % heuschnupfenfrei, und Ihre Augen sind vom Juckreiz befreit?
Rheuma Fibromyalgie	Sie haben stark verbesserte Rheumawerte und sind viel beweglicher? Sie haben sich zusätzlich mit Urin eingerieben und ihn täglich mindestens 3x getrunken und sind jetzt zu 99 % beschwerdefrei? Ihre Fibromyalgieschmerzen haben auch schon nachgelassen?
Lebensmittelunverträglichkeit	Sie können wieder Lebensmittel verzehren, ohne allergische Reaktionen zu bekommen?
Divertikel	Auswucherungen im Darm befinden sich im Heilungsprozess und sind schon weniger schmerzhaft?
Magen Darm	Sie sind schon wie viele meiner Teilnehmer beschwerdefrei von Magen-Darm-Problemen?

Wassereinlagerungen

Sie haben nie Wasseransammlungen gehabt, aber zurzeit geschwollene Finger oder Augenlider?
Dadurch, dass Sie Ihren Konsum an Wasser auf stündlich erhöht haben, braucht Ihr Wasserhaushalt etwas Zeit, bis er diese Wassermenge wieder reguliert.
Benutzen Sie bitte Ihren Salzstein, er reguliert auch Ihren Wasserhaushalt.

Bei extremen Wassereinlagerungen fragen Sie bitte Ihren Naturheilarzt nach Natrium-Chloratum D6 in einer erhöhten Dosis. Diese Erhöhung der Dosierung benötigt man in der Regel nur so lange, bis eine Verbesserung spürbar ist. Sobald Sie keine Wasseransammlungen mehr haben, reicht meistens der Salzstein vollkommen aus. Probieren Sie den Salzstein täglich, Ihr Geschmacksnerv zeigt Ihnen, wie oft Sie daran lecken müssen. Schmeckt er Ihnen zu salzig, hören Sie bitte sofort auf und probieren es nach ca. 2–3 Stunden nochmals. Sie spüren sehr schnell, wie oft Sie den Salzstein benötigen, so dass Sie die Salze und wertvollen Mineralien erhalten. An wasserhaltigen Tagen gebraucht man den Salzstein öfter, weil Sie dann sehr viele Mineralien durch Ihren Urin ausscheiden. Er kann dabei helfen, auftretenden Schwindel, Zittern, Wadenkrämpfe und Kopfschmerzen zu lindern oder gar nicht erst auftreten zu lassen.

Sie haben teils durch alternatives Essen oder bedingt durch Erkrankungen folgende Signale Ihres Körpers wahrgenommen:

Sie haben einen verstärkten Schub von Fibromyalgie, Rheuma und Gelenkbeschwerden wahrgenommen, wenn Sie Käse, Kuchen oder andere Gerichte mit Milchanteil verzehrten?
Wenn ja, was zeigt Ihnen Ihr Körper?
Dass Sie mit wasserhaltigen Lebensmitteln ohne Milchprodukte, Eier und Zucker schmerzfreier sind!
Fragen Sie sich bitte immer wieder, wenn die Versuchung lockt, was Ihnen wichtiger ist. Ein kurzer Genuss evtl. von 10–15 Minuten mit anschließenden starken Schmerzen und starken Medikamenten oder schmerzfrei zu sein durch die richtige Ernährungsweise?

Sie hatten ein alternatives Essen mit Sahnesauce oder überbackenem Käse und anschließend starke Magen-Darm-Probleme?
Sie hatten z. B. Durchfall oder andererseits Verstopfung?

Sie haben noch teilweise Neurodermitis? Obwohl Sie alle Empfehlungen befolgt haben?
Ihren Urin haben Sie bisher nur äußerlich benutzt? Bitte überwinden Sie sich, Ihren Urin mindestens 3x täglich zu trinken, und legen Sie Kompressen mit altem Urin auf Ihre juckenden Körperpartien. Sollten dann noch zeitweise Beschwerden auftreten, überprüfen Sie, ob Sie Milchprodukte (Laktose, Milchzucker, Milchpulver) verzehrt haben.
Da ich immer wieder bei meinen Teilnehmern heraushöre, wenn diese Zusätze in Lebensmitteln oder Medikamenten enthalten waren, dass kein Gewichtsverlust erfolgte und sich meistens erneut eine Reaktion des Körpers zeigte.

Sie hatten am Wochenende ein Brunchfrühstück mit 60 % Käse und danach wieder starke Kopfschmerzen?

Sie haben nachmittags eine Portion Eis gegessen und hatten nachts Magenkrämpfe?

Was möchte Ihnen Ihr Körper damit zeigen?
Milch ist für kleine Kälber oder Säugetiere gut. Diese brauchen Milch für ihr schnelles enormes Wachstum, aber zu 90 % ist der menschliche Körper damit überfordert. Bei nur etwa 10 % meiner Teilnehmer gab es keine spürbaren Reaktionen auf Milchprodukte. Bitte hören Sie daher auf **Ihren** Körper.

Nun, liebe Leserin, lieber Leser, kommen wir nochmals zu den in der vorherigen Stunde besprochenen Atemübungen. Sie haben sie doch sicherlich täglich 3x ausgeführt???

Aus Erfahrung weiß ich, dass dieses leider von den meisten Teilnehmern nicht beherzigt wurde. Die meisten denken nicht daran. Deshalb möchte ich Sie hiermit nochmals bewusst darauf aufmerksam machen, denn sie sind sehr wichtig für Ihr Wohlbefinden und Ihre Gesundheit.
Bitte setzten Sie sich jetzt bequem hin und stellen Sie beide Füße auf den Boden, denn dann fließt Ihre Energie besser. Nun legen Sie bitte Ihre Hände auf Ihren Bauch. Atmen Sie bewusst heilende weiße Lichtenergie ein, die Ihren ganzen Körper, jedes Organ, jede Zelle durchströmt. Stellen Sie sich bitte bildlich vor, wie Sie von einer weißen Wolke umhüllt sind, die weit bis unter Ihre Füße reicht. Oder Sie würden unter einem Wasserfall stehen, wo von oben herab ein weißer Lichtstrahl Ihren ganzen Körper, jedes Organ, jede Zelle durchströmt, ebenfalls wieder bis weit unter Ihre Füße.
Dabei halten Sie kurz Ihren Atem an.
Danach ziehen Sie Ihren Bauch ein und atmen bewusst über den Mund alles Negative, Stressige und Schmerzhafte aus.

Wenn Sie eine schmerzhafte Stelle verspüren, visualisieren Sie dorthin immer wieder heilende weíße Licht-Energie. Diese Licht-Energie und die Schmerzen lassen Sie dann weit bis unter Ihre Füße fließen.
Ich wünsche Ihnen dabei eine heilsame Wirkung.

Auch durch seelische Verletzungen und Stress kann eine Übersäuerung hervorgerufen werden.
Daraus können sich ebenfalls Toxine (Giftstoffe) im Körper bilden, die zu einer Erkrankung führen können.

Seelische Verletzungen haben fast alle Menschen schon auf irgendeine Art und Weise erlebt.

Hat man diese seelischen Verletzungen über Jahre erlebt und haben sich diese evtl. auch schon aus der Kindheit manifestiert, leiden sehr viele Menschen fast ein Leben lang daran.
Wenn man mit dem Reinigungsprozess der Seele beginnt, ist das teilweise nochmals eine schmerzhafte Zeit, aber damit ist der Anfang gemacht, dass die Seele gereinigt wird.

Bitte denken Sie daran, wir bestehen aus

Körper, Geist und Seele.

Deshalb sollten wir berücksichtigen, dass wir nicht nur unseren Körper reinigen, sondern auch Geist und Seele, um wirklich vollkommene Heilung zu erfahren.
Jede Erkrankung hat eine Ursache, deshalb prüfen Sie bitte ab dem Zeitpunkt der Erkrankung oder in Ihrer Kindheit, was Sie seelisch belastet hat.

- Haben Sie sich getrennt,
- haben Sie einen Menschen über Jahre gepflegt,
- wurden Sie betrogen,
- hatten Sie einen Trauerfall,
- hatten Sie große finanzielle Probleme,
- haben Sie sich sehr um einen geliebten Menschen gesorgt oder
- waren Sie mit jemandem nicht im Frieden als er verstarb?

All diese Dinge können zu körperlichen Erkrankungen führen.

Ebenfalls ein sehr wichtiges Thema!
Jahrelanger sexueller Missbrauch.

Viele Frauen und auch Männer haben jahrelang unter sexuellem Missbrauch gelebt oder hatten diese Erlebnisse im frühen Kindesalter.

Bei diesen Menschen hat das Unterbewusstsein diese seelische Verletzung jahrelang verdrängt, aber der Körper reagiert darauf, weil die seelischen Giftstoffe nicht abfließen konnten.

Um die Seele zu reinigen, damit Erkrankungen wieder heilen können, ist es von großer Wichtigkeit für Ihr allgemeines Wohlbefinden,

den Menschen,

die Ihnen so einen großen seelischen und körperlichen Schmerz und die daraus entstandenen Leiden und Ängste über viele Jahre angetan haben

zu verzeihen und zu vergeben!

Denn Sie können nur wirklich gesunden, indem Sie verzeihen und vergeben, auch wenn das gerade am Anfang sehr schwer fällt. Lassen Sie deshalb erst Ihre Wut, Ihre Aggressionen (verbal in Gedanken) und Ihre Tränen heraus. Viele schaffen es nur mit therapeutischer Hilfe, Familien- und Seelenaufstellungen und vor allem, unabhängig von einer Religion, mit Beten. Es ist wichtig zu lernen, dass Liebe und Vergebung die stärkste Heilung sind.

Wenn Sie diesen Menschen weiterhin nicht vergeben, leiden nur Sie selbst. Sie können dadurch an Körper, Geist und Seele erkranken. Deshalb, Ihrer Gesundheit zuliebe, vergeben und verzeihen Sie bitte.

Und dieses denken Sie bitte nicht nur vom Kopf her, sondern wirklich von Herzen.
Liebe an andere Menschen gedanklich zu senden, kann für alle die größte Heilung sein. Liebe ist und bleibt immer die stärkste Schwingung.

Teilnehmer hatten nach einer sehr extremen Trennung zum Beispiel Krebs oder Fibromyalgie.
Oder Frauen, die missbraucht wurden, erkrankten an Brustkrebs, Unterleibskrebs, Bulimie.
Sie fühlten sich nichts wert und nicht anerkannt. Dadurch sind bei vielen Essstörungen, großes Übergewicht und diverse Erkrankungen entstanden. Von diesen Leiden werden Sie nur wirklich geheilt, wenn Sie verzeihen und vergeben.

Dazu folgende Affirmationen:

- Ich habe alles Alte und Vergangene vergeben und verziehen.

- Ich habe allen Menschen, die mir jemals Leid und Schmerz zugefügt haben, von Herzen vergeben und verziehen, und auch mir habe ich verziehen.

Weil Sie vielleicht auch schon Menschen bewusst oder unbewusst verletzt haben, und viele Ihre eigenen Verletzungen an andere weitergeben, können sich mit den genannten Affirmationen diese Dinge auflösen.

Weiter ist bei solchen tiefen Verletzungen das Reinigen und Harmonisieren Ihrer Energiezentren (Chakren) sehr hilfreich. Wenn Blockaden in den einzelnen Energiezentren sind, fühlen Sie sich nicht wirklich wohl und glücklich.

Durch die Wiederherstellung des Energieflusses können Ihre Selbstheilungskräfte schneller aktiviert und Ihre Blockaden gelöst werden.
Esssüchte und diverse Erkrankungen, die sich aus diesen Blockaden der Energiezentren evtl. entwickeln, können zwar mit einer Ernährungsumstellung gemildert werden

wie z. B. bei vielen bulimieerkrankten Teilnehmern, die nach einer Woche kein Erbrechen mehr herbeiführten. Das ist jedoch nur die körperliche Auswirkung, die seelische Heilung ist davon noch unberührt. Um die Heilungskräfte im seelischen Bereich zu aktivieren, ist es erforderlich, Körper, Geist und Seele in Einklang zu bringen. Diese ganzheitlichen Möglichkeiten der Aktivierung Ihrer Heilkräfte können Sie persönlich in meinen Seminaren wahrnehmen und kennen lernen.
Seminarangebote finden Sie unter **www.cp-chakren.de** und im Anhang.

Damit Sie sich selbst wieder mehr Anerkennung geben, ist folgende Übung sehr hilfreich:

Notieren Sie bitte einmal, was Sie selber an sich liebenswert, schön und positiv finden und welche Eigenschaften Ihre Mitmenschen an Ihnen lieben.

Weiterhin schreiben Sie sich bitte jeden Tag mindestens 5 Punkte auf, was Sie Positives erlebt haben.

Das allein zeigt Ihnen schon nach kurzer Zeit, wie liebenswert Sie sind und wie viele kleine Glücksmomente das Leben für Sie bereithält.

Sie müssen nur diese Veränderung zulassen und annehmen.

Weiterhin können Bachblüten eine unterstützende Hilfe für Ihr seelisches Wohlbefinden sein.

Lassen Sie sich bitte von Ihrem Naturheilarzt oder Heilpraktiker eine Bachblütenmischung, speziell auf Ihre persönlichen Bedürfnisse abgestimmt, zusammenstellen.

Die Urintherapie, mindestens 3x täglich angewandt, hilft ebenfalls bei der seelischen Reinigung und stärkt Ihr Wohlbefinden in Körper, Geist und Seele.

Wichtig ist auch bei der ganzheitlichen Denkweise, dass wir andere Menschen so akzeptieren und achten, wie sie sind. Jeder Mensch ist individuell und hat seine eigene Meinung. Oft gibt es Streitgespräche, weil die eigene Sichtweise als richtig empfunden wird.
Diese aufregenden Gespräche sind in der Regel für niemanden von Nutzen.

Im Gegenteil steigt dadurch bei vielen Menschen der Blutdruck, die Atmung wird schneller, und der Magendruck sorgt für Unwohlsein.
Was ist in solchen Fällen richtig und falsch?
Jeder Mensch hat seine eigene Realität und Ansicht, und es wäre wünschenswert, wenn wir das alle akzeptieren würden.
Auch schauen sich viele mehrmals pro Tag die Nachrichten an. Diese negative Überflutung belastet sehr viele, einige sind dadurch verärgert oder traurig. Persönlich kann es möglich sein, dass man durch diese negativen Schwingungen selbst Negatives anzieht. Nur auf diese Weise können wir die Welt nicht verändern.

Umgeben Sie sich jedoch mit frohen und positiven Gedanken, können Sie diese an andere Menschen weitergeben. Es ist so, als würden Sie einen Stein ins Wasser werfen. Die Wellen ziehen immer größere Kreise, und so könnten wir für mehr Frieden auf der Welt beitragen, indem wir persönlich jedem Menschen in Gedanken Frieden und Liebe wünschen. Unserer eigenen Zufriedenheit und Gesundheit kommt dieses sehr zu Gute.
Denn denken wir negativ über andere und wünschen Ihnen

Negatives, kommen diese Gedanken zu uns zurück, und wir schädigen uns nur selbst damit.
In unserem Universum gibt es ein Naturgesetz, alles, was wir anderen antun oder wünschen, kommt zu uns zurück.
Deshalb in Ihrem eigenen Interesse: Wünschen Sie allen Menschen Frieden, Glück, Gesundheit, Freude, Liebe, Reichtum, denn auch dieses kommt zu Ihnen zurück.
Bleiben Sie einfach frei von jeglicher Wertung. Wenn jemand unfreundlich zu Ihnen sein sollte oder Sie verbal angreift, bleiben Sie bitte ruhig und versuchen Sie Ihr Gegenüber zu verstehen. Zeigen Sie bitte Verständnis. In den meisten Fällen haben diese Menschen eigene Probleme oder vielleicht gerade erfahren, dass Sie an einer Erkrankung leiden.
Wünschen Sie diesen Menschen dann Frieden. Sie werden meist schon nach kurzer Zeit Veränderungen in Ihrem Umfeld verspüren.

Testen Sie es bitte und senden in Gedanken täglich jedem Menschen Frieden und Liebe!
Sie können alleine durch diese Handlungsweise schon glücklicher werden, weil Sie anderen Menschen gegenüber so oft positive Gedanken schenken.
Denken Sie daran, diese liebevollen Gedanken kommen zu Ihnen zurück.

Ein sehr schönes Buch, das Ihnen diese Denkweise noch viel näher bringen kann, ist das **„Lola-Prinzip“** von René Egli.

Daher in diesem Sinne: Denken Sie bitte weiterhin an Ihre Atemübungen und Affirmationen, essen Sie viele wasserhaltige Lebensmittel, und Ihre Pfündchen haben bis übermorgen die Chance, sich um 1–2 kg zu reduzieren.
Viel Spaß dabei!

8. Kursstunde

Liebe Leserin, lieber Leser,

einen stressfreien und friedvollen Tag wünsche ich Ihnen.

Sie sind Ihrem ersten Teilziel schon nahe?
Ihr Gewichtsverlust dürfte sich jetzt zwischen 6 und 9 kg befinden. Ich freue mich für Sie, es ist ein toller Erfolg, der nun sehr sichtbar sein dürfte. Hat sich Ihr Selbstwertgefühl dadurch schon gesteigert? Das wäre dann noch ein zusätzlicher Erfolg.

Hatten Sie evtl. viele Feierlichkeiten oder ein geselliges Wochenende, dann beginnen Sie am besten nochmals wie in der 1. Woche. Das aktiviert wieder Ihren Stoffwechsel, und die Giftstoffe können so wieder schneller aus Ihrem Körper abfließen. Es ist ratsam, zwischendurch immer wieder die ersten Kursstunden zu lesen, bis sich wirklich alles in Ihrem Unterbewusstsein gefestigt hat.

Denken Sie bitte immer wieder an Ihre Zwischenmahlzeit. Es reicht pro Stunde z. B. 1 Tomate, 1 St. Salatgurke oder Paprika. Damit beschleunigen Sie, dass Ihre Fettpölsterchen fließen können.
Diese Kleinigkeit ist sehr wichtig, damit Ihr Stoffwechsel regelmäßig versorgt wird und arbeiten kann. Am besten haben Sie immer eine gefüllte Schale Rohkost greifbar.

Eine kleine Entgiftungsphase ist ab der 3. Woche nochmals möglich. Es können erneut Frieren, leichte Kopfschmerzen und verstärkt Gelenkschmerzen auftreten. Die Giftstoffe lösen sich von den Gelenken, was in den meisten Fällen ein schmerzhafter Prozess ist. Denken Sie bitte dabei an die Urintherapie, die sowohl innerlich als auch äußerlich angewandt werden kann. Umso schneller haben Sie dadurch die Möglichkeit, die Schmerzen und Erkrankungen zu lindern oder zu heilen.

Es kann zwischendurch immer wieder zu einer Entgiftungsphase kommen, da sich Giftstoffe über viele Jahre im Körper angesammelt haben. Daher geben Sie Ihrem Körper bitte immer wieder die Chance, sich zu entgiften. Unterstützen Sie diese Phase, indem Sie viel Wasser trinken, Obst, Rohkost, Salate und Gemüse verzehren.

Heute, liebe Leserin, lieber Leser, haben wir die Themen:

Natürliche Körperpflege
Ätherische Öle
Zusätzliche Vitamine und Salze
Lebensmittel und ihre Wirksamkeit
Urintherapie

Nach der natürlichen Gesundheitslehre benötigen Sie für Ihre Gesichtsreinigung nur Wasser, Urin und, wenn Sie gerne eine Creme benutzen möchten, Asche-Basis-Creme, erhältlich in Ihrer Apotheke.
Auch hier gilt, je einfacher desto besser!

Urin ist sehr wertvoll für Ihre Haut!

Er reinigt und glättet die Haut. Urin eignet sich sehr gut zum Abschminken, inkl. des Augen-Make-ups.
Wenn Sie sich gerne schminken, um Ihre natürliche Schönheit noch zu betonen, wäre es empfehlenswert, Bio-Kosmetik frei von Tierversuchen zu verwenden.

Zur Zahn- und Zahnfleischpflege könnten Sie als Erstes Ihren Urin zur Mundspülung benutzen und anschließend mit Zahnpasta z. B. von der Firma Weleda putzen.

Haarwaschmittel, Festiger, Zahncremes usw. sind auch in Bio-Geschäften erhältlich. Fragen Sie nach Proben, so dass Sie Ihr persönliches Haarwasch- und -pflegemittel finden.

Ihre Körperpflege ist ebenfalls mit Wasser und Urin ideal. Zum Eincremen eignet sich wunderbar Olivenöl der Fa. ALDI oder LIDL. Es kann Ihre Haut zusätzlich durch den Vitamin-E-Gehalt straffen und glätten.
Vorsicht mit Ihrer Kleidung. Wenn Sie es morgens jedoch hauchdünn auftragen und kurz einziehen lassen, dürfte Ihre Kleidung frei von Olivenölflecken bleiben.

2x pro Woche ist es sehr angenehm für Ihr Wohlbefinden und Ihre Haut, wenn Sie eine Ganzkörper-Salz-Abreibung machen.
Die Haut dürfte danach spürbar weicher und glatter sein.
Eine Salz-Abreibung ist auch eine energetische Reinigung. Das heißt, wenn Sie z. B. mit vielen Menschen Kontakt haben, nehmen Sie sowohl positive als auch negative Schwingungen wahr.
Jeder Mensch hat ein Aurafeld, welches durch negative Schwingungen anderer Menschen verunreinigt werden kann, und Sie sich dadurch entkräftigt oder geschwächt fühlen können.
Nach dieser Salz-Abreibung fühlen Sie sich in der Regel wunderbar wohl, entspannt und gekräftigt. Anschließend wäre es ratsam, sich dick mit Olivenöl einzureiben und sich dann in ein vorgewärmtes Badetuch zu hüllen und so mindestens 30 Minuten bei beruhigender Musik zu entspannen. Danach dürften Sie ein super Wellnessgefühl haben. So einfach und preiswert kann ein Wellnessabend sein!

Ein natürliches Duftöl wie z. B. Vanille können Sie Ihrem Öl beimischen, weiterhin sind ätherische Duftöle sehr angenehm. Testen Sie bitte in Ihrem Bio-Reformhausgeschäft oder in der Apotheke, welcher Duft Ihnen angenehm ist. Es gibt darüber auch Broschüren, welche Öle beruhigend, anregend, antidepressiv usw. sind.

Als Deo wäre empfehlenswert, einen Kristallstift zu verwenden, z. B. erhältlich bei der Fa. Schlecker oder in Biogeschäften. Der Kristall-Deo-Stift hält die Poren frei. Die Haut ist Ihr größtes Atmungsorgan, worüber Sie ebenfalls entgiften. Daher wäre es eine Behinderung, wenn Sie Ihren Körper innerlich durch die Ernährungsumstellung reinigen, ihn aber gleichzeitig von außen belasten und die Poren verstopfen.
Auch hier gilt wieder, je einfacher desto besser!

Bei Ihrer Ernährungsumstellung haben Sie, wenn Sie viel Obst und Rohkost aus biologischem Anbau und gelegentlich einige Samen essen, eine Rundumversorgung an Vitaminen. Da der Körper jedoch wieder Vitamin C über den Urin ausscheidet, ist es ratsam, zusätzlich Acerola-Vitamin-C-Saft einzunehmen. Bitte nur die folgenden Säfte und keine Acerola-Lutschtabletten, weil diese Zusatzkomponenten hätten, die Sie in Ihrer Gewichtsreduktion behindern könnten.
Acerola-Vitamin-C-Saft von der Fa. Völkel, erhältlich in Biogeschäften, und von der Fa. Schoenenberger, erhältlich in Reformhäusern.

Empfehlenswerte Dosierung:
morgens 2 Teelöffel und
mittags 2 Teelöffel

Vitamin C stärkt Ihre Abwehrkräfte und kann eine unterstützende Wirkung für Ihren Körper bei der Regeneration diverser Erkrankungen haben. Straffere Haut und ein verbessertes Hautbild können ein schöner Nebeneffekt sein.

Die gleichzeitige Einnahme eines reinen Vitamin-E-Präparates ist eine sehr gute und wirksame Kombination. Die Zusammenstellung dieser Vitamine kann Ihre Zellen aktivieren und verjüngen, was sich natürlich dann im äußeren Erscheinungsbild zum Positiven zeigen kann.
Empfehlenswerte Dosierung:
Mind. 20 Tropfen pro Tag; am Besten zu Rohkost oder im Salat.
Ein reines Vitamin E nur mit dem Zusatz von Olivenöl ist erhältlich oder wäre zu bestellen in der Linden-Apotheke, Lindenallee, 48527 Nordhorn, Herr Sprinkmeyer.

Als weitere Zusatzprodukte empfehle ich Ihnen Spirulina-algen, wie schon in der 4. Kursstunde erwähnt. Sie sind eine wertvolle Ergänzung. Erfahrungsgemäß ist es eine gute Dosis, täglich 6–8 Stück von der Fa. Green Valley Naturprodukte, 100 % rein, ohne Tablettierhilfe zu nehmen oder 100 % Spirulinaalgen über den EVIVA-Versand zu bestellen.

Original-silicea-Kieselgel ist auch bei vielen Beschwerden eine wunderbare Ergänzung. Weiterhin wäre 2x im Jahr eine 3-monatige Kur mit Original-silicea-Kieselgel ratsam. Dieses Kieselgel ist eine wunderbare Ergänzung und sehr hilfreich bei vielen Beschwerden wie Entzündungen, Bindegewebs- und Bänderschwäche, schlaffer Haut, Haarausfall, brüchigen Nägeln und unterstützt insgesamt die Körperregeneration.
Erhältlich ist es in Biogeschäften oder in Reformhäusern.

Zum Schluss Ihrer 8. Kursstunde werden Sie eine kleine Auflistung von der Wirksamkeit einiger Lebensmittel finden.

Es wäre für Ihre Gesundheit empfehlenswert, nur frisches Obst und Gemüse aus biologischem Anbau zu verzehren. Ernähren Sie sich so oft wie möglich nur von Obst, Rohkost und Salat. Stellen Sie Ihren Kindern ohne viele Worte des Öfteren eine Rohkostschale hin. Denn Kinder essen in der Regel sehr gerne Cherrytomaten, Kohlrabis, Mohrrüben. Wenn Sie Mohrrüben essen oder Mohrrübensaft trinken, mischen Sie am besten einige Tropfen Olivenöl bei, damit sich das wertvolle Vitamin A im Möhrensaft voll entfalten kann. Ein wichtiger Hinweis ist, dass ungekochte Lebensmittel wie z. B. Rohkost fast keinen Nährboden für Erkrankungen haben. Deshalb lassen Sie so oft wie möglich Ihren Herd aus, auch wenn Sie vielleicht noch danach erzogen wurden, „mittags muss gekocht sein“.

Schauen Sie sich viele unserer älteren Menschen an. Sind Sie vielleicht fit und gesund durch Ihre Ernährungsweise?!

Sie hatten leider vor vielen Jahren nicht diese Informationen.
Tun Sie Ihrer Familie Gutes, indem Sie immer wieder frische natürliche Kost anbieten, am besten regionsbezogen.

Weiterhin empfehle ich Ihnen, 1- bis 2x im Jahr Heilfasten unter fachkundiger Aufsicht durchzuführen.
Es werden in fast allen Orten von den Kirchengemeinden oder bei der VHS Fastenkurse angeboten. Auch eine sehr schöne Art des Heilfastens ist ein individuelles, ganzheitliches Fastenwandern. Für fast jeden zu praktizieren, ob nun mit Wasser, Saft oder Rohkost gefastet wird. Nähere Informationen auf den letzten Seiten des Buches.

Sie werden jetzt bei Ihrer Ernährungsweise feststellen, dass Heilfasten sehr einfach und angenehm sein kann. Es regeneriert Körper, Geist und Seele.

Ebenfalls sehr hilfreich ist die

Urin-Therapie

das Wunder der Natur

Liebe Leserin, lieber Leser, ich hoffe sehr, dass Sie mit Ihrer Urintherapie angefangen haben. Ansonsten beginnen Sie bitte ab heute, Ihren Urin zu trinken. Die Natur hat uns dieses Wundermittel, welches unsere eigenen Heilkräfte aufs Höchste aktiviert, geschenkt.
Bitte nehmen Sie dieses Geschenk an und nutzen es für Ihre Gesundheit und Ihr Wohlbefinden.
Vorbeugend mindestens 3x täglich 1 Schnapsgläschen voll.
Haben Sie Erkrankungen, ist es ratsam, mindestens 5–7x täglich Urin zu trinken und zusätzliche Ganzkörper- bzw. stellenweise äußerliche Einreibungen vorzunehmen.
Beginnen Sie jedoch langsam mit der Urintherapie,
z. B. 1. Woche 3x mind. 1 Schnapsglas
2. Woche 5x mind. 1 Schnapsglas
3. Woche 7x mind. 1 Schnapsglas
da der Urin den Körper zusätzlich entgiftet und reinigt.
Das heißt, Ihre Schmerzen und Erkrankungen können noch mal verstärkt werden.

Zum Beispiel bei **Neurodermitis, Schuppenflechte** können Hautstellen, an denen Sie jahrelang keinen Ausschlag mehr hatten, nochmals verstärkt aufblühen.
Halten Sie bitte in dieser Entgiftungsphase durch.
Trinken Sie dann viel Urin, Wasser und essen Wasserhaltige Lebensmittel.

Kompressen mit frischem oder altem Urin sind zusätzlich hilfreich.

Halsschmerzen: Gurgeln Sie bitte mehrmals mit unverdünntem frischen Urin, und die Halsschmerzen sind in der Regel nach 3–4 Stunden verschwunden.

Blasenentzündungen: Dosieren Sie zu Beginn der Behandlung Ihren Urin in kleinen Schlucken über den Tag verteilt. Sie können Ihren Urin mit Saft oder Tee mischen.
Am 2. Tag wieder 3x 1 Schnapsglas, da ansonsten Ihre Erstverschlimmerung zu stark sein könnte.
Rückmeldungen der Teilnehmerinnen bestätigen nach der 1. Einnahme des Urins, dass Sie schon beschwerdefrei sind.

Viele Teilnehmerinnen fragen immer wieder, ob Sie die Urintherapie auch während der Periode anwenden dürften. Ja, Sie können Ihren Urin auch während der Periode trinken. Mit Tampons ist es sehr gut möglich, den Urin ohne Blut aufzufangen. Sollten ein paar Tage vor Ihrem Zyklus Flockungen in Ihrem Urin sein, können Sie diesen unbedenklich trinken. Aber das sollte jede Frau für sich persönlich entscheiden. Sie können auch mit der Urintherapie während Ihres Zyklusses aussetzen und danach weiter fortfahren. Sehr hilfreich ist sie auch bei hormonellen Schwankungen und Brustspannungen. Trinken Sie dann 3–7x pro Tag Urin, und reiben Sie zusätzlich mit dem Morgenurin Ihre Brust ein.

Heuschnupfen: Mindestens 5–7x pro Tag Urin trinken und zusätzliche Nasenspülungen. Den Urin durch die Nase hochziehen und die Augen mehrmals pro Tag abtupfen. Dadurch, dass Sie täglich Ihre Allergene einatmen oder damit in Berührung kommen, sind diese Informationen in Ihrem Urin gespeichert. Trinken Sie dann Ihren Urin, können sich dadurch Ihre Allergene neutralisieren. Z. B. bei einem Bienen- oder Wespenstich im Mund kann Urin auch Ihr Leben retten. Normalerweise schwillt dieser Stich sofort an, und es könnte zur Atemnot kommen. Durch die sofortige Einnahme und Ausspülen mit Urin könnte das Anschwellen des Einstiches verhindert werden. Danach wäre es ratsam, sofort einen Arzt aufzusuchen.

Ebenfalls können Sie in einer Notsituation, wo Sie evtl. verdursten würden, mit Urin Ihr Leben retten. Urin produziert sich immer wieder aufs Neue, so dass Sie im Notfall damit überleben könnten.

Weiterhin empfehlenswert: Urin-Wasser-Fasten. Diese Anwendung kann die stärkste Wirkung auf den Körper haben und oft selbst Krankheiten heilen, die zuvor keine Verbesserungen zeigten. Dieses Fasten sollte nur mit einem erfahrenen Therapeuten durchgeführt werden.

Ebenfalls eignen sich Urineinläufe wunderbar zur Sanierung der Darmschleimhaut.

Bei Cellulitis sind Einreibungen sehr hilfreich.

Mit der Anwendung der Urintherapie verhält man sich verantwortungsbewusst seinen Mitmenschen gegenüber.
Weil man selbst zu 99 % frei bleibt von Erkältungskrankheiten, vermindert man somit die Übertragung der Bakterien.

Verbrennungen sofort mit frischem Urin versorgen, er wirkt direkt schmerzlindernd, und je nach Verbrennungsgrad entstehen dann auch keine Brandblasen.

Wenn Kinder noch in die Windeln machen, können Mütter ihren eigenen Urin den Kindern zu trinken geben oder äußerlich anwenden.
Denken Sie bitte daran, im Mutterleib war Urin ein Teil der Nahrung, die Ihr Kind über die Nabelschnur erhielt! So wichtig und wertvoll sorgt der Körper für unser Wohlbefinden.

Vielen Dank

der Natur für dieses besondere Geschenk.

Viel Erfolg bei Ihren Urinanwendungen!

Salze

Fehlen Ihrem Körper wichtige Salze?
Lassen Sie sich bitte von Ihrem Naturheilarzt oder Heilpraktiker beraten.
Empfehlenswerte Salze gibt es von der Firma DHU, da diese außer Alkohol keine weiteren Zusätze enthalten.

Nr. 1 **Calcium fluoratum**
Das Salz für Bindegewebe, Gelenke und Haut

Nr. 2 **Calcium phosphoricum**
Das Salz für Knochen und Zähne

Nr. 3 **Ferrum phosphoricum**
Das Salz für das Immunsystem

Nr. 4 **Kalium chloratum**
Das Salz für die Schleimhäute

Nr. 5 **Kalium phosphoricum**
Das Salz für Nerven und Psyche

Nr. 6 **Kalium sulfuricum**
Das Salz für die Entgiftung

Nr. 7 **Magnesium phosphoricum**
Das Salz gegen Krämpfe und Schmerzen

Nr. 8 **Natrium chloratum**
Das Salz für den Flüssigkeitshaushalt

Nr. 9 **Natrium phosphoricum**
Das Salz für den Stoffwechsel

Nr. 10 **Natrium sulfuricum**
Das Salz für die Ausscheidung

Nr. 11 **Silicea**
Das Salz für Haare, Haut und Bindegewebe

Nr. 12 **Calcium sulfuricum**
Das Salz für die Gelenke

Vitaminliste

Ananas	Blutdruck, Ablagerungen Gefäßinnenwände, entzündungshemmend, Wassereinlagerungen (Achtung: unreife Früchte, säurehaltig und zahnschädigend)
Aprikose	verjüngend, Vitamin A
Apfel	darmreinigend
Birne	darmreinigend
Basilikum	starke Nerven, Eisen
Brennessel	Kieselsäure, Vitamin C, Eisen, reinigt die Haut und regt den Stoffwechsel an
Datteln	Frischzellenkur für das Gehirn
Feige	reguliert die Verdauung, gesunde Darmflora
Feldsalat	sämtliche Vitamine
Kirsche	Gicht, straffere Haut, verjüngend

Nüsse	Haut, Haare
Olivenöl	Geheimnis ewiger Jugend, Vitamin E
Paprika	Durchblutung
Rote Bete	strafft die Haut und das Bindegewebe
Tomate	gute Laune, verjüngt die Zellen, sämtliche Vitamine
Zwiebel	Viren, Bakterien

Alle Obst-, Salat- und Gemüsesorten haben wichtige Inhaltsstoffe und sind sehr wichtig für Ihre Gesundheit!

Besonderer Gesundheitshinweis

Liebe Leserin und lieber Leser,

sollten Sie eine Erkrankung haben oder bekommen, kurieren Sie diese Erkrankungen bitte aus.

Vor allem auch, wenn Sie als Selbstständige/r arbeiten!

Nur so kann Ihr Körper wieder die volle Kraft und Stärkung des Immunsystems erhalten. Jeder von uns ist ersetzbar, daher ist es ratsam, dass wir lernen zu delegieren.

9. Kursstunde

Zu Ihrer 9. Kursstunde begrüße ich Sie und wünsche Ihnen eine ruhige, schöne Lesestunde mit vielen wichtigen Informationen.

Heute sind die Themen:

Wasser
Bewegung
Alkohol
Erdstrahlen
Wasseradern
Heilsteine
Sonne

vorgesehen.

Wie schon des Öfteren erwähnt, ist Ihr regelmäßiges Wassertrinken, über den Tag verteilt und mengenmäßig mindestens 2–3 Liter, für Ihre Gesundheit, Ihre Gewichtsreduktion und zur Aktivierung Ihrer Heilkräfte bei bestehenden Erkrankungen sowie zur Ausscheidung von Giftstoffen von größter Wichtigkeit. Wasser aus Glasflaschen ist zu bevorzugen. Sollten Sie Leitungswasser trinken, lassen Sie bitte die Wasserqualität und Ihre Leitungen prüfen. Und in der Regel wäre es empfehlenswert, den Salzstein des Öfteren zu benutzen. Testen Sie es bitte mit Ihren Geschmacksnerven. Zusätzlich dürfen Sie noch Säfte und Tee trinken. An Kaffee und schwarzem Tee höchstens pro Tag 3 Tassen, da diese dem Körper wieder Wasser entziehen.

Sollten Sie es teils durch berufliche oder andere Aktivitäten nicht stündlich schaffen, Wasser zu trinken, dann trinken Sie bitte morgens 1 l, mittags ½ l und abends 1 l.
Jedoch ideal ist es, regelmäßig den Körper mit Wasser zu versorgen. Oft höre ich, dass vor lauter Hektik das Trinken vergessen wird. Nehmen Sie sich bitte die Zeit.

Wer ein Fahrzeug hat, nimmt sich die Zeit, den Tank zu füllen, damit es fahrtüchtig bleibt. Ihr Körper ist jedoch viel wertvoller, deshalb geben Sie ihm bitte die nötige Anerkennung und regelmäßige Versorgung. Ist der Körper unterversorgt, bemerkt man Leistungsabfall oder Müdigkeit. Dadurch, dass Sie evtl. viele Jahre Ihrem Körper zu wenig Wasser zugeführt haben, zusätzlich vielleicht noch Medikamente einnehmen mussten, Genussgetränke wie Kaffee und Alkohol getrunken haben, wurde Ihrem Körper das wertvolle Zellwasser entzogen.

Darum ist es in den meisten Fällen kein Gewichtsstillstand, wenn Ihnen die Waage kein reduziertes Ergebnis anzeigt, weil die Zellkammern bei vielen Menschen erst wieder aufgefüllt werden müssen.
Stellen Sie sich bitte Ihre Zellkammern wie Plastiktaschen an Ihrem Körper vor. Diese sind zzt. fast leer. Die Taschen hängen wellig und leicht an Ihrem Körper. Jetzt trinken Sie viel und essen regelmäßig wasserhaltige Lebensmitten, so dass sich Ihre Zellkammern wieder auffüllen.
Bildlich gesehen, füllen sich die Plastiktaschen auf und straffen sich. Dieses Auffüllen hat Gewicht!

Daher sehen Sie an den Tagen, an denen Ihre Zellkammern sich auffüllen, keine verringerte Zahl auf Ihrer Waage, aber Ihre Fettpölsterchen fließen weiter. Messen Sie sich bitte weiterhin ab und sehen so Ihre Erfolge zur weiteren Motivation. Bedenken Sie, der größte Vorteil für Ihre Haut und Ihr Gewebe ist die zusätzliche Straffung.
Immer wieder bekomme ich positive Rückmeldungen, wie straff das Gewebe geworden ist trotz Gewichtsreduktionen von 25–40 kg, und das in einem Zeitraum von 3–5 Monaten. Weitere Teilnehmerinnen berichten, dass Sie jetzt das 1. Mal im Leben eine Bikini-Figur hätten. Diese Damen haben ein Alter zwischen 28 und 65 Jahren.

Das ist der Erfolg, der sich durch regelmäßiges Wassertrinken und mindestens 70 % wasserhaltige Lebensmittel einstellt, und zu diesen positiven Ergebnissen führt. Weiterhin kommt Ihnen diese Kombination bei diversen anderen Erkrankungen zu Gute.

Ihre Gelenkbeschwerden wie Rheuma, Gicht usw. sowie Verspannungen, Kopfschmerzen und Migräne können alleine durchs Wassertrinken gelindert oder geheilt werden. Da Ihre Knochen normalerweise im Zellwasser und in einer Knorpelmasse liegen, können Sie sich optimal bewegen. Fehlt dagegen das nötige Zellwasser, reiben die Knochen aufeinander, was zu Gelenk- und Rückenschmerzen jeglicher Art führen kann.
Sehr aufschlussreiche Bücher zu diesem Thema sind von Herrn Dr. Faridun Batmanghelidj „Wasser – die gesunde Lösung" und von Herrn Dr. Masaro Emoto zu empfehlen. Herr Dr. Emoto hat festgestellt, dass Wasser sich durch Klänge, positive Worte und Beten verändert. Ein sehr interessantes Thema.
Ich persönlich bin der Meinung, dass Lebensmittel und Wasser eine positivere Schwingung haben, wenn wir für diese Speisen und Getränke danken und je nach Glaube diese auch segnen.

Liebe Leserin, lieber Leser, Sie werden sicherlich schon bemerkt haben, dass bei Ihrer neuen Ernährungsweise Ihre Pfündchen auch ohne Sport fließen.
Aber trotzdem sollten Sie bitte zu Ihrem normalen Bewegungsablauf am Tag noch zusätzlich Ihren Körper trainieren. Wählen Sie eine Sportart, die Ihnen wirklich zusagt, weil sonst die Disziplin sehr schwer fällt.

- 15 Minuten Gymnastik bei geöffnetem Fenster.
- Zusätzliche Runden mit Ihrem Hund oder Fahrrad.

– Spazieren gehen, wandern, walken, schwimmen, Tennis, Gymnastikkurs.
– Fitnessstudio.

Es gibt viele Möglichkeiten!
Bitte fangen Sie empfehlenswerter Weise sofort mit mindestens 15 Minuten täglich an.
Ihre Konzentration, Durchblutung, Beweglichkeit und Ausdauer werden es Ihnen danken.
Die Haut strafft sich, und die Körperform verbessert sich zum Positiven.
Dabei wünsche ich Ihnen viel Spaß und Disziplin.

Alkohol, ein sehr wichtiges Thema, auch wenn es vielleicht einige nicht so gerne lesen, **ist und bleibt eine Suchtgefahr!**

Nach der natürlichen Gesundheitslehre wäre es empfehlenswert, wenn Ihr Körper frei bleibt von Alkohol.

Da ich hier in diesem Buch zu 90 % die natürliche Gesundheitslehre und zu 10 % Alternative vertrete, wäre mal trockener Wein, Sekt oder Bier erlaubt.

Wenn Sie z. B. am Wochenende vermehrt Alkohol zu sich nehmen, hilft Ihnen die beste Ernährung nichts. Ihre Waage wird Ihnen keine Abnahme zeigen, sondern mindestens eine Gewichtszunahme von 1–3 kg, besonders wenn Sie zusätzlich Spirituosen verkonsumiert haben.

Liebe Leserin, lieber Leser, wenn Sie täglich Alkohol trinken, auch wenn es nur 1 Glas pro Abend ist, testen Sie doch bitte für sich persönlich, ob Sie 14 Tage oder 1 Monat 100-%ig auf Alkohol verzichten können und Ihre Abende und Wochenenden auch so entspannend für Sie sind.
Für unsere Kinder ist es das beste Beispiel, was wir Ihnen

vorleben. Wer jeden Abend Alkohol konsumiert und seinen Kindern einen Vortrag über die Auswirkungen von Alkohol hält, ist wenig glaubwürdig.

Zu den Themenbereichen Erdstrahlen, Wasseradern und Heilsteine möchte ich Ihnen einige kurze Informationen geben.

Wenn Sie an unerklärlichen Erkrankungen leiden, wo Sie keinerlei oder nur wenig Verbesserung spüren, lassen Sie bitte Ihr Zuhause auf Erdstrahlen und Wasseradern prüfen. Oft jahrelange Kopf-, Rückenschmerzen und div. andere Erkrankungen und Schlafstörungen können damit verbunden sein. Wenn Sie wissen, dass sich Erdstrahlen oder Wasseradern unter Ihrem Bett befinden, kann in der Zeit bis zur Möbelumstellung ein großer Rosenquarz für Linderung sorgen. Ratsam ist es, von einem Fachmann die Erdstrahlen oder Wasseradern entstören zu lassen, weil daraus erhebliche gesundheitliche Erkrankungen entstehen können.

Rosenquarze können weiterhin zu Ihrem Wohlbefinden beitragen, wenn Sie diese vor Ihrem Fernseher, Computer und ihrer Stereo-Anlage platzieren.

Von Zeit zu Zeit sollten diese Steine abgewaschen oder ins Sonnenlicht gestellt werden, damit sie wieder gereinigt sind. Meine Empfehlung an Sie ist, dass Sie sich zu diesen interessanten Themen noch näher informieren.

Dieser kurze Beitrag als Anregung.

Die wertvolle Wirkung der Sonne und des Tageslichts ist ebenfalls gut für Ihr Immunsystem und Ihr allgemeines Wohlbefinden. Mäßig dosierte Sonnenbäder können den Körper kräftigen und fördern positiv Ihre Stimmung.

Als Sonnenschutz empfehlenswert: Cremes oder Lotionen aus Biogeschäften.

Bis übermorgen bitte ich Sie, regelmäßig, über den Tag verteilt, wasserhaltige Lebensmittel zu verzehren, und Sie können wieder bis zu 2 kg an Pfündchen reduziert haben.

Bis dahin, viel Erfolg und alles Gute!

10. Kursstunde

Liebe Leserin, lieber Leser,
ich begrüße Sie recht herzlich und wünsche Ihnen einen wunderschönen harmonischen Tag.
Schön dass Sie sich die Zeit gönnen, die 10. Kursstunde zu lesen.
Nach nur ca. 4 ½ Wochen dürften Sie jetzt mit Ihrer neuen Ernährungsweise zwischen 7 und 12 kg an Gewichtsreduktion erreicht haben.
Es ist wirklich zu schaffen trotz Wochenenden und Feierlichkeiten. Ein toller Erfolg und meist auch schon ein sehr sichtbares Ergebnis, was wiederum Ihr Selbstwertgefühl gestärkt haben müsste. Es ist auch für mich persönlich immer erneut sehr schön, die wiedergewonnene Freude und positive Ausstrahlung meiner Kursteilnehmer mitzuerleben. Aber die allerschönste Freude empfinde ich immer bei gesundheitlichen Verbesserungen und vollkommener Beschwerdefreiheit.

Denken Sie bitte daran, Ihre Gesundheit ist und bleibt Ihr höchstes Gut.
Gesundheit ist das wertvollste Geschenk der Natur.
Es ist schön, dass Sie dieses Geschenk achten und auf seine Bedürfnisse hören!

In diesem Sinne nochmals die wichtigsten Punkte ab der 6. Kursstunde zusammengefasst, so dass sich dieses Wissen in Ihrem Unterbewusstsein manifestiert.

- Sie haben, jeder auf seine Art, viel geschafft, deshalb schenken oder gönnen Sie sich etwas Schönes.

- Gestalten Sie Ihr Leben so, dass es Ihnen Freude macht.

- Werden Sie einerseits aktiv, lernen Sie aber bitte auch zu entspannen.

- Ihre Atemübungen werden Sie dabei unterstützen! Sie atmen mindestens 3x täglich heilende weiße Lichtenergie ein?!

- Eine schöne Entspannungskassette von Dr. Hans Grünn kann Ihr Unterbewusstsein positiv beeinflussen und Sie schneller zu Ihren Zielen führen.

- Sie haben Ihre zu weit gewordene Kleidung aussortiert oder ohne Sicherheitssaum abnähen lassen?!

- Sie haben sich von all Ihrem unnötigen Ballast befreit?!

- Sie tauschen mit Freunden Ihre Arbeiten, oder Sie haben diese delegiert, so dass Sie Tätigkeiten erledigen, die Ihnen wirklich Spaß machen und womit sie andere Menschen hilfreich unterstützen können?

- Sie haben pro Woche mindestens eine Schweigestunde oder pro Monat einen Schweigetag eingeplant, und Sie möchten diese Ruhephase in Ihrem nächsten Urlaub auf 3 Tage erweitern?

- Sie üben täglich, Ihre Seele vollkommen zu reinigen, indem Sie wirklich von Herzen den Menschen vergeben und verzeihen, die Sie sehr verletzt haben. Denn nur so können Sie vollkommen an Körper, Geist und Seele gesunden. Ich wünsche Ihnen viel Kraft und liebevolle Gedanken bei dieser Übung.

- Dabei sind Ihnen Ihre Affirmationen behilflich, sie manifestieren die positiven Gedanken in Ihrem Unterbewusstsein.

- Sie lesen Ihre Affirmationen mindestens 3x täglich?

z. B.:

Göttliche Ordnung herrscht
in allen meinen Angelegenheiten.
(unabhängig von einer Religion)

- Lieben und akzeptieren Sie sich!

- Sie sind wertvoll!

- Sie verwenden Natur-Kosmetik – frei von Tierversuchen!

- Ihre Gesichts- und Körperpflege kann ganz einfach und preiswert mit Wasser und Urin sein.

- Asche-Basis-Creme und Olivenöl wären eine natürliche Ergänzung.

- Zusatz-Vitamine
  - Acerola-Vitamin-C-Saft
    (mind. 2x 2 Teelöffel morgens und mittags)

  - Vitamin E (mind. 20 Tropfen pro Tag)
    am Besten zu Rohkost oder im Salat

  - Silicea-Kieselgel
    (mind. 2x 3 Monate pro Jahr)

  - Spirulinaalgen
    (ca. 8 Tabl. pro Tag)

  - Urin mind. 3x täglich trinken und sich zusätzlich mit dem Morgenurin den ganzen Körper einreiben. Urin auch in die Gesichtshaut einmassieren und den

Mund damit ausspülen, anschließend z. B. mit Weleda-Zahncreme die Zähne putzen.

- Hören Sie bitte auf die Botschaften Ihres Körpers.

- Rescue-Tropfen, hilfreich bei div. Beschwerden.

- Quentakehl-D5-Tropfen – Homöopathisches Penicillin! Lassen Sie sich bitte von Ihrem Naturheilarzt oder Heilpraktiker beraten. Ein homöopathisches Penicillin, was ich bisher noch nicht erwähnt hatte, kann man aus meinen Erfahrungswerten oft sehr gut alternativ bei diversen Erkrankungen einnehmen. Sprechen Sie dieses bitte mit Ihrem Naturheilarzt oder Heilpraktiker ab. Sie können Ihnen je nach Erkrankung die richtige Dosierung nennen.

- **Obst** immer alleine verzehren, nie mit anderen Lebensmitteln kombinieren. (Außer vegetablen Früchten wie Tomate, Paprika, Gurke, Zwiebel und, bei Gewichtserhaltung und -zunahme, die Avokado.)

- Salzabreibungen mindestens 2x wöchentlich.

- Kristall-Deo Stift.

- Wasser mind. 2–3 Liter pro Tag.

- Bewegung mind. 15 Minuten pro Tag.

- Alkohol – Suchtgefahr – erhöhte Gewichtszunahme.

- Sie fühlen sich nicht wirklich wohl? Ihre Energiezentren können blockiert sein. Eine Harmonisierung und Reinigung könnte Ihre Blockaden lösen und Ihre eigenen Heilkräfte zusätzlich aktivieren.

– Sie möchten mehr über positive Lebensführung erlernen? Seminarangebot im Anhang.

– Erdstrahlen.

– Wasseradern.

– Heilsteine.

– In Ihrer Jahresplanung haben Sie an mindestens eine Woche Heilfasten gedacht?

– Möchten Sie noch weitere Pfündchen reduzieren, dann setzen Sie sich bitte ein konkretes Endziel. Lesen Sie zur Unterstützung mindestens eine Seite pro Tag in diesem Arbeitsbuch.
Ich wünsche Ihnen, dass Sie Ihr Wohlfühlgewicht in dem von Ihnen festgelegten Zeitraum erreichen.

– Wünschen Sie bitte mindestens jeden Morgen **allen** Menschen der Welt

Frieden

Gesundheit, Glück, Freude, Liebe, Reichtum, und das alle Menschen im vollkommenen Schutze sind.

Diesen Worten schließe ich mich an und wünsche Ihnen alles Liebe und Gute. Bleiben Sie gesund und passen Sie bitte gut auf sich auf.

Liebe Grüße

Christa Peters

Neutral

Gemüsesticks mit Dips (6 Portionen)

1 rote Paprikaschote,
1 gelbe Paprikaschote,
1 Möhre,
1 Zucchini,
1 kleiner Fenchel,
10 Radieschen,
$^1/_2$ Bund dünne Frühlingszwiebeln,
$^1/_2$ Kopf Romanasalat.

Olivendip

10 schwarze ungefärbte Oliven ohne Stein,
Salz,
Pfeffer,
6 EL kaltgepresstes Olivenöl,
8 EL Tomatensaft.

Eiweiß

Senfdip

150 g saure Sahne,
1 EL Honig,
3 EL körniger Senf,
1 Prise weißer Pfeffer.

Gemüse putzen und waschen, Möhren schälen, Salat in Blätter zerlegen. Radieschen eventuell halbieren, die übrigen Gemüsesorten und die Möhren in längliche, bissfreundliche Stücke schneiden.
Für die Dips jeweils alle Zutaten mit dem Pürierstab oder im Mixer zerkleinern, so dass cremige Soßen entstehen, in die man die Gemüsestifte gut dippen kann. Die Gemüsesorten dekorativ anrichten, mit Romanablättern unterlegen.

Neutrales Rezept

Zucchini-Auberginen-Gemüse mit kalter Joghurtsoße

1 mittelgroße Aubergine,
1 große Zucchini,
1 Zwiebel,
1 1/2 TL Olivenöl,
100 ml Frugola-Gemüsebrühe ohne Hefe,
Salz,
frischer Pfeffer,
1/2 TL gerebelter Oregano,
100 g Naturjoghurt,
1 EL saure Sahne,
1 Knoblauchzehe,
4 EL gemischte Kräuter
(z. B. Petersilie, Schnittlauch, Basilikum).

Die Aubergine putzen, waschen und in etwa 1 cm dicke Scheiben schneiden. Die Auberginenscheiben ausbreiten, mit Salz bestreuen und nach etwa 10 Minuten mit Küchenkrepp abtupfen. Zucchini putzen, waschen und zusammen mit den Auberginenscheiben in mundgerechte Stücke schneiden. Die Zwiebel schälen und fein würfeln. Das Öl in der Pfanne erhitzen und die Zwiebelwürfel darin glasig werden lassen. Aubergine und Zucchini zufügen, mit Salz, frischem Pfeffer und gerebeltem Oregano würzen, mit der Gemüsebrühe auffüllen und gar dünsten.

Naturjoghurt, saure Sahne, Knoblauchzehe und Kräuter mischen und als Soße verwenden.

Neutrales Rezept

Südliche Gemüsepfanne

Zutaten:

1 Aubergine (in halben Scheiben)
2 EL Olivenöl
3 Knoblauchzehen (gepresst)
2 Frühlingszwiebeln (feine Ringe)
2 Zucchini (1 cm dicke Würfel)
1 rote, 1 grüne, 1 gelbe Paprika (gewürfelt)
$^1/_2$ TL getrocknetes Basilikum
$^1/_2$ TL getrockneter Thymian
$^1/_2$ TL getrockneter Oregano
$^1/_2$ TL Paprika edelsüß
100 ml Gemüsebrühe, Frugola ohne Hefe
4 Tomaten (Achtel)
eine Hand voll Oliven (nur frische!)
1 Bund Petersilie
Salz, Pfeffer

Zubereitung:

1. Auberginenhälften salzen, ca. 10 Min. schwitzen lassen und mit Küchentuch trocknen.
2. Olivenöl erhitzen, Knoblauch und Frühlingszwiebeln kurz darin andünsten.
3. Zucchini, Paprika und Aubergine mitdünsten, die getrockneten Kräuter, Salz und Paprika dazugeben.
4. Mit der Gemüsebrühe aufgießen und schmoren lassen.
5. Nach etwa 5 Min. (Zucchini und Paprika sollen noch knackig sein) die Tomaten und die Oliven dazugeben.
6. Gehackte Petersilie dazu und mit Salz und Pfeffer abschmecken.

Guten Appetit!

Kohlenhydrat-Rezept
ohne Maiskolben – Neutrales Rezept

Grünes Currygemüse

Zutaten:
500 g Brokkoli
200 g grüne Bohnen
200 g Mini-Maiskolben
300 g Mangold
200 g Lauch
2 EL Olivenöl
400 ml Wasser
150 g Crème fraîche
2 Stück Ingwer ganz
3 TL Bengal-Curry
2 TL Thai-Curry
2 TL Salz

Zubereitung:
Brokkoli putzen, waschen und in kleine Röschen zerteilen. Bohnen an den Enden abschneiden, waschen und in ca. 2 cm lange Abschnitte schneiden. Mini-Maiskolben waschen und halbieren. Mangold waschen, Stiele abschneiden und in 3 cm lange Streifen schneiden, Blätter nur grob zerteilen. Lauch putzen, waschen und in dünne Ringe schneiden. Öl in einem großen Topf erhitzen, Lauch, Mangoldstiele und Bohnen zugeben, andünsten, dann Ingwerstücke und Currys zufügen und mit Wasser ablöschen. Ca. 10 Min. garen, dann Brokkoliröschen, Mangoldblätter und Mini-Maiskolben zugeben. Noch 5 Min. mitkochen, dann Salz und Crème fraîche unterrühren und sofort zu Kartoffeln oder Reis servieren.

Bunte Obstbowle ohne Alkohol

Zutaten für ca. 4,5 l Bowle:
1 l Apfelsaft
1 Wassermelone
1 Honigmelone
4 Kiwis
300 g Erdbeeren
300 g Himbeeren
1 l Orangensaft
100 ml Zitronensaft
1 l Mineralwasser
Nur frische oder gefrorene Obstsorten.

Aus der Hälfte des Apfelsaftes Eiswürfel herstellen (am besten über Nacht).

Wassermelone säubern. Unterseite gerade schneiden, so dass sich die Melone auf einen Tisch stellen lässt und nicht wegrollen kann. Vom oberen Teil der Melone einen Deckel abschneiden und mit einem Esslöffel die Kerne herausholen und für die Bowle beiseite stellen. Es sollte ein Fruchtfleischrand von etwa 2 cm übrig bleiben. Melone in einen tiefen Teller stellen, damit überlaufender Saft aufgefangen wird. Honigmelone vierteln, Kerne entfernen und Fruchtfleisch in etwa 1 x 1 cm kleine Würfel schneiden. Kiwis schälen, vierteln und in dünne Scheiben schneiden. Erdbeeren je nach Größe halbieren und vierteln. Himbeeren säubern. Restlichen Apfelsaft, Orangen- und Zitronensaft sowie das Mineralwasser in die Melone geben und alles gut umrühren. Bowle etwa eine Stunde kühl stellen. Nach ca. 45 Minuten das Obst in die Bowle geben. Kurz vor dem Servieren die Apfelsaftwürfel hinzugeben. Bowle kalt stellen.

Zubereitungszeit ca. 45 Minuten und Zeit zum Kühlen

Orangen/Bananen-Frucht-Eis

½ Tasse Orangensaft
2 gefrorene Bananen
½–1 Tasse gestoßenes Eis

In den Mixer und dann sofort servieren.

– bei Gewichtserhaltung oder Zunahme nehmen Sie Bananen

– während der Reduktionszeit kombinieren Sie die Orangen mit anderen Früchten

Neutral

Pikante Avokadocreme

Zutaten:
2 reife Avokado
1 Knoblauchzehe
3 EL gemischte Kräuter
Salz, Pfeffer

Zubereitung:
Die Avokado aufschneiden und den Kern entfernen. Mit einem scharfen Löffel das Fruchtfleisch herauslösen, mit einer Gabel zerdrücken und die Zutaten untermischen.

Kohlenhydrat

Plätzchen

375 g gute Butter
250 g Zucker
500 g Mehl
2 Päck. Vanillezucker
1 Prise Salz

Zubereitung:

Butter ca. 2 Min. cremig rühren, Vanillezucker und die Prise Salz in Zucker verrühren, langsam unter die Butter mischen, Mehl sieben und löffelweise mit dem Teig verrühren. Kleine Herzförmchen o. Ä. verwenden.

Temperatur: je nach Herd 175°–200°
Backzeit: ca. bis zu 10 Minuten
Menge: 80–100 Stück

Das ist selbstverständlich kein Rezept der natürlichen Gesundheitslehre, sondern ein leckeres Rezept, welches zu einem Kohlenhydrat-Tag passt.

Mit 2–4 Plätzchen pro Tag dürfte sich Ihr Gewicht noch reduziert haben. Auch können Sie diese Plätzchen mit Rohrzucker und Vollkornmehl backen.

Eiweiß

Tomaten-Avokado-Creme

Zutaten:

2 EL Pinienkerne
6 Flaschentomaten
1 reife Avokado
3 EL kaltgepresstes Olivenöl
Salz
schwarzer Pfeffer (frisch gemahlen)
1/2 Bund Rauke

Zubereitung:

Tomaten kurz in kochendes Wasser tauchen, enthäuten und in Würfel schneiden. Die Avokado schälen, achteln, ebenfalls würfeln.

Aus Öl, Salz und Pfeffer eine Salatsoße herstellen.

Mit den Tomaten- und Avokadowürfeln vermischen.

Einige Raukeblätter zur Garnitur ganz lassen, Rest kleinschneiden und mit dem Salat mischen. Dann auf den Raukeblättern anrichten und mit den ungerösteten Pinienkernen bestreuen.

Empfehlenswerte Bücher und Kassetten nochmals zusammengefasst:

- **Wasser, die gesunde Lösung**
  (Dr. Faridun Batmanghelidj, V 1 K)

- **Die Botschaft des Wassers**
- **Die Antwort des Wassers**
  (Dr. Masaro Emoto)

- **Macht Kuhmilch krank?**
  (Spiller-Waldhausen)

- **Willst Du gesund sein? Vergiß den Kochtopf!**
  (Helmut Wandmaker, Mosaik Verlag)

- **Silicium**
  (Klaus Kaufmann)

- **Das Lola-Prinzip**
  (René Egli)

- **Sorge DIch nicht, lebe!**
  (Dale Carnegie, Scherz)

- **Gesundheit für Körper und Seele**
  (Louise L. Hay)

- **Die Macht Ihres Unterbewusstseins**
- **Die Gesetze des Denkens und Glaubens**
  (Dr. Joseph Murphy, Arkana Verlag)

- **Heute ist mein bester Tag**
  (Arthur Lassen)
  zu bestellen unter Tel.-Nr. 061/8 19 77 50

- **Die sieben geistigen Gesetze des Erfolgs**
  (Dr. Deepak Chopra, Heyne)

- **Bring Licht in die Welt**
  (Neale Donald Walsch)

- **Bestellungen beim Universum**
  (Bärbel Mohr)

- **Ein ganz besonderer Saft – Urin**
  (Carmen Thomas)

- **Die Heilkraft der Eigenharntherapie (1993)**
  (Ingeborg Allmann)

- **Harntherapie für Heilberufe (1998)**
  (Ingeborg Allmann und Fr. Dr. med. Ulrike Kohrs-Gerlach

- **Urintherapie von A–Z**
  (Coen van der Kroon)

- **FENG SHUI gegen das Gerümpel des Alltags**
  (Karen Kingston)

- **Einfach zuhören und schlank werden und bleiben**
  (Kassettenprogramm
  Dr. med. Hans Grünn)

- **Einfach zuhören und selbstbewusster werden**
  (Dr. med. Hans Grünn)

Informationsbogen

Liebe Leserin, lieber Leser, schreiben Sie mir bitte Ihre persönlichen Erfahrungswerte und Ihre speziellen Fragen. Ich freue mich sehr auf Ihre Post und werde zum Teil Ihre Erfahrungsberichte und Fragen in meinem weiteren Buch, anonym oder mit Namen, so wie Sie es wünschen, veröffentlichen und beantworten. Damit wäre die Möglichkeit gegeben, anderen Menschen in ähnlichen Situationen zu helfen und zu motivieren.

1. Wie hoch war Ihr Gewichtsverlust nach 5 Wochen?

2. Wie hoch ist Ihr jetziger Gewichtsverlust und in welchem Zeitraum haben Sie ihn erreicht?

3. Wie fühlen Sie sich und welche gesundheitlichen Verbesserungen sind eingetreten?

4. Haben Sie Brot und Milchprodukte reduziert oder ganz weggelassen?

5. Wie viel an Zentimetern haben Sie abgenommen?

6. Praktizieren Sie Ihre Atemübungen regelmäßig?

7. Lesen Sie täglich Ihre Affirmationen?

8. Wünschen Sie jeden Morgen oder zu einer anderen Tageszeit allen Menschen Frieden, Gesundheit, Glück, Liebe, Freude und Reichtum?

9. Welche Veränderungen haben Sie dadurch in Ihrem Leben wahrgenommen?

10. Sonstiges?

Ich freue mich sehr über alle Rückmeldungen, die ich von Ihnen erhalte. Vielen lieben Dank.

Informationsbogen
Urin – Der ganz besondere Saft

Wie empfanden Sie das Thema „Eigenurin"?

____
____
____
____
____
____
____
____

Haben Sie eigene Erfahrungen mit Eigenurin gemacht? Wenn ja, welche?

____
____
____
____
____
____
____
____

Haben Sie Ihre Beschwerden mit Eigenurin behandelt? Wenn ja, mit welchem Erfolg und in welcher Form?

☐ **innerlich** ☐ **äußerlich** **wie oft?** ____________

____

____

____

____

____

____

____

____

Bitte schreiben Sie mir Ihre Erfahrungswerte, anonym oder mit Namen, so dass ich diese veröffentlichen kann.

Hiermit bestätige ich mit meiner Unterschrift, dass meine Erfahrungswerte veröffentlicht werden dürfen:

____

Ort, Datum, Unterschrift

☐ **Ich möchte anonym bleiben.**

☐ **Mein Name darf genannt werden.**

Die meistgestellten Fragen:

Darf ich:

- **ab dem 1. Tag Kartoffeln, Nudeln, Reis, Butter, Kräuterbutter verzehren?**
  Ja, nachzulesen in der 1. Kursstunde.

- **Milch, Zucker oder Süßstoffe im Kaffee haben?**
  Nein, Sie hätten dadurch eine Behinderung, sowohl bei der Gewichtsreduktion als auch im Gesundheitsbereich.

- **Butter oder Chips essen bei hohem Cholesterinwert?**
  Ja, in der richtigen Zusammenstellung – 70 % wasserhaltige, 30 % konzentrierte Nahrung – sind meine bisherigen Erfahrungswerte bestens. Nach 3–4 Wochen erhielt ich immer die Rückmeldung, dass der Cholesterinwert sich im Normalbereich befindet.

- **abends noch warm essen?**
  Ja, das dürfen Sie!

- **Tomatensaft trinken?**
  Ja, frischen Tomatensaft dürfen Sie auch mit Obst kombiniert trinken, da die Tomate zu den vegetablen Früchten zählt.

- **die Tomaten erhitzen?**
  Vom gesundheitlichen Aspekt wäre es ratsam, sie nur frisch oder leicht gedünstet zu verzehren, dann ist sie sehr wertvoll und gesund. Erhitzt kann sie stark säurebildend für den Körper sein.

- **jeden Tag Plätzchen oder 1 Stück trockenen Kuchen verzehren?**
  Die ersten Tage der Ernährungsumstellung wären 1–4

Plätzchen oder 1 Stück Topfkuchen und alternativ auch mal zwischendurch o. k.
Aber bitte Ihrer Gesundheit und Ihrer Gewichtsreduktion zuliebe sollten es Ausnahmen bleiben.

- **Aufschnitt essen?**
  Wenn Sie richtig Heißhunger darauf haben, ja!
  Aber Aufschnitt gehört nicht zur natürlichen Gesundheitslehre. Aufschnitt ist ein tierisches Produkt, und in den meisten Produkten sind zusätzlich Zucker oder Süßstoffe enthalten. Damit hätten Sie eine Behinderung sowohl im gesundheitlichen Bereich als auch in der Gewichtsreduktion.

- **Bauchspeck essen?**
  Ja, er gehört zum Eiweiß. Jedoch, Vorsicht: Ich habe nach dem Verzehr von Bauchspeck schon sehr oft die Meldung einer Gewichtszunahme bei meinen Teilnehmern vernommen. Oft ist er schon gewürzt, und in den meisten Gewürzmischungen sind Glutamate und Zucker enthalten.

- **Grill- oder Bratwurst essen?**
  Enthalten in der Regel beide Zucker, daher nur bei Heißhunger! Ein kleines Stückchen Wurst verursacht eine Gewichtszunahme. Dagegen können Sie mit Steaks oder unpaniertem Fleisch Ihr Gewicht halten oder reduzieren.

- **mit Meersalz würzen?**
  Im Prinzip ja, testen Sie es aber bitte bewusst. Denn es gibt unterschiedliche Meersalze, daher kann es auch unterschiedliche Ergebnisse bei der Gewichtsreduktion geben.

- **internationale Gewürze verwenden?**
  Grundsätzlich ja, aber achten Sie bitte darauf, wie Ihr Körper reagiert.
  Wenn sie evtl. die Fremdsprache nicht lesen können, wis-

sen Sie nicht, welche Zusätze enthalten sind.

– das schwarze Vollkornbrot essen?
Ja! Brot aus vollem Korn ohne Samen, Kerne und Nüsse dürfen Sie essen.

– Knäcke essen?
Grundsätzlich ist Knäcke so zu essen wie Brot!
Achten Sie bitte auf evtl. Zusätze wie Milchpulver, Sesam, Sonnenblumenkerne usw.

– süßes Weißbrot?
Nur bei Heißhunger! Beachten Sie bitte die Waage und Ihr Wohlbefinden.

– Reiswaffeln essen?
Ja, z. B. von der Fa. Quickortel Berg und von der Fa. Davert-Mühle – Reis-Cracker natur – wären empfehlenswert.

Dürfen Nüsse gesalzen und geröstet sein?
Nein, weil sie sehr säurebildend für den Körper sein können. Rohe Nüsse und Samen dagegen können sehr wertvoll sein.

Ich habe zurzeit keinen Gewichtsverlust, aber eine verbesserte Körperform. Warum?
Das hängt mit Ihrem Wasserhaushalt zusammen, Ihre Zellkammern füllen sich, aber Ihre Fettpölsterchen fließen trotzdem weiter. Näheres in der 9. Kursstunde.

Ist Rauchen eine Behinderung bei der Gewichtsabnahme?
Zum Teil ja, weil Sie in Ihrem Körper durch das Rauchen mehr Toxine (Giftstoffe) haben können und dadurch Ihr Stoffwechsel auf Hochtouren arbeiten muss, was er andererseits zur Fettverbrennung benutzen könnte.

Ich ernähre mich genau nach den Empfehlungen, habe aber nach 3 Wochen nur 3 kg abgenommen. Warum?
Überlegen Sie bitte einmal, an was Sie, evtl. im emotionalen Bereich, festhalten. Haben Sie vielleicht eine Beziehung oder eine Arbeitsstelle, die Ihrem Wohlbefinden schadet, aber an der Sie noch festhalten? Horchen Sie einmal in Ruhe in sich hinein, so dass es Ihnen bewusst werden kann.

Viele Menschen haben anderen gegenüber Schuldgefühle und bauen so eine Schutzschicht in der Form von Fettpölsterchen auf.
Sobald Sie erkannt haben, aus welchem Grund Sie Ihre persönliche Schutzschicht aufgebaut haben, werden in der Regel sehr schnell Ihre Pölsterchen dahinfließen.

Welchen Spargel darf ich essen?
Am besten frischen oder gefrorenen.

Ich habe nie Obst und fast keinen Salat oder Gemüse gegessen!
Fühlen Sie sich denn zur Zeit wohl, sowohl gesundheitlich als auch mit Ihrem Gewicht? Wenn Sie nichts verändern, kann sich auch keine Gewichtsreduzierung oder gesundheitliche Verbesserung zeigen. Geben Sie Ihrem Körper die Chance und essen wasserhaltige Lebensmittel. Er wird es Ihnen danken!

Wie bekomme ich Kalzium und Eiweiß?
Biologisches Obst enthält genügend Kalzium, Eiweiß und Vitamine.
Ungeröstete Sesamsamen sind eine hohe Kalziumquelle, und Nüsse enthalten viel natürliches Eiweiß.

Ich bin zum Frühstück eingeladen!

Beginnen Sie morgens bitte mit Obst oder einem Glas Fruchtsaft.
Dann essen Sie Brötchen ohne Körner mit Butter, Honig, evtl. 60%-igem Käse oder mit Tomaten, Salatgurke belegt. Den restlichen Tag Salat, Rohkost, Gemüse.

Ich bin zum Kaffee eingeladen und möchte Obstkuchen essen!
Essen Sie bis zum Nachmittag Obst, evtl. vegetable Früchte.
Dann als erstes ein Stück Obstkuchen und anschließend Sahne- oder Trockenkuchen. So hat das Obst auf Ihrem leeren Magen noch einigermaßen die Chance, Ihren Magen schnellstens wieder zu verlassen. Es ist auf jedenfall durch den Tag eine Behinderung und sollte nur bei absolutem Heißhunger, wie z. B. während der Erdbeer- oder Pflaumenzeit, so verzehrt werden. Obst grundsätzlich immer alleine!

Ich habe die letzten Tage nicht abgenommen. Liegt es daran, weil ich zzt. Antibiotika nehme?
In Antibiotika sind meist Zusätze enthalten, die eine Gewichtsreduzierung verhindern können. Weiterhin muss sich der Körper zurzeit mit einem Infekt auseinander setzen und benötigt mehr Kraft für die Reinigung als für die Gewichtsreduktion.

Rückmeldungen nach ca. 4½ Wochen

- Ich fühle mich gut, sämtliche Blutwerte sind besser, allgemeines Wohlbefinden, ich kann besser schlafen. Ich fühle mich sehr viel wohler, trotz mehrfacher Diäten bin ich mir jetzt sicher, das Gewicht zu halten.

- Ich fühle mich sehr fit und überhaupt nicht mehr müde, meine Haut ist straff und der Umfang ist geschmolzen.

- Beschwerden sind weg, Bauchumfang um ca. 30 cm sind nach 2 Kursen = 10 Wochen, insgesamt 25 kg, reduziert, Ödeme sind abgeschwollen. Depressionen sind weg, es sind ganz viele positive Veränderungen im Leben eingetroffen.
  Insgesamt hat diese Teilnehmerin jetzt 33 kg reduziert und schwärmt von einer Bikini-Figur, weil ihr Gewebe sich so straff zurückgebildet hat.

- Keine Magenprobleme mehr, Allergien haben sich verbessert, ich fühle mich gut, brauche keine Medikamente mehr wegen des Magens einzunehmen, Blutwerte top, Hautverbesserung.

- Fühle mich topfit! Während der 5 Wochen keine Migräne, Cellulitis ist weg!!!

- Sehr gut, nicht mehr müde, energiegeladen, Wohlbefinden, komme mit immer weniger Fleisch aus, Schwangerschaftsstreifen werden immer weniger.

- Ich fühle mich super, ich bin nicht mehr so müde, Kopfschmerzen und Sodbrennen sind wie weggeblasen, ich habe Unmengen an Schmerz- und Magentabletten verbraucht, jetzt brauche ich fast nichts mehr.

- Ich fühle mich gut, 15 cm an Bauchumfang abgenommen, Wechseljahrebeschwerden wesentlich besser.

- Mein Heuschnupfen ist ganz weg, meiner Haut geht es bedeutend besser, ich fühle mich gut.

- Ich fühle mich bedeutend besser und meine Beschwerden sind bedeutend weniger geworden, ich brauche keine Schmerzmittel mehr (Fibromyalgie, Nahrungsmittelallergie). Ich freue mich sehr darüber, dass es mir besser geht und ich Ihren Kurs besucht habe. Ich werde auf jeden Fall mich weiterhin so ernähren, wie ich es bei Ihnen gelernt habe. Die Urintherapie werde ich auch weiterhin durchführen.

- Ich fühle mich sehr gut, bin beim Sport noch fitter, komme mit weniger Schlaf aus.

- Ich fühle mich gut, mein ganzes „Ich" hat sich positiv verändert.

- Ich fühle mich sehr gut, kein Sodbrennen mehr.

- Fühle mich prima, weniger Allergien (Hunde), habe am Bauch gut 20 cm verloren.

- Ich fühle mich sehr gut, mein Stuhlgang hat sich verbessert.

- Ich fühle mich hervorragend und bin seit dem Kursbeginn wesentlich belastbarer und leistungsfähiger, brauche weniger Schlaf, der Kurs hat mir gezeigt, wie ich mich mit einfachen Mitteln gesund ernähren kann und welche tollen Erfolge sich einstellen, machen Sie weiter so.

- Ich fühle mich sehr gut, meine Hände sind nicht mehr so trocken, bin mittags nicht mehr so müde, fühle mich bis zum Abend topfit, abends kann ich wieder lange wach bleiben, mein Bauch ist schön straff, und darauf bin ich stolz, trotz zwei Schwangerschaften.

- Schlafe besser, brauche zzt. kein Cortison.

- Sehr gut, Hautjucken und flächige Hautschuppen sind verschwunden, keine Milchprodukte mehr.

- Kein Sodbrennen mehr, fit, weil ich noch nie so viel Obst und Gemüse gegessen habe, ich habe in diesem Winter noch keine Erkältung gehabt, sonst jedes Jahr.

- Allgemeines Wohlbefinden, mehr Energie, besseres Hautbild, die Umstellung der Ernährung ist mir sehr leicht gefallen.

- Ich fühle mich sehr fitter als vorher, ich war früher bei sämtlichen Abnehmkuren sehr nervös, das passiert mir heute nicht mehr, jetzt macht das Leben wieder Spaß.

- Ich fühle mich sehr wohl, habe viele Dinge in der Familie verbessern können (Bluthochdruck bei meinem Mann, Haut bei meinem Sohn).

- Allgemein vitaler, kein Gefühl einer Diät, keine Kreislaufprobleme, Heißhungerattacken, größeres Selbstbewusstsein, Zufriedenheit dadurch, dass die Umwelt positiv auf die Gewichtsreduzierung reagiert.

- Ich fühle mich wesentlich fitter, lockerer und ruhiger.

- Ich fühle mich gut, bin ausgeglichener, Schmerzen ohne Medikamente auszuhalten.

- Allgemein gut, Kopfschmerzen während der Periode blieben aus.

- Ich fühle mich sehr gut, habe keine Hautprobleme, fast jeden Tag Verdauung.

- Ich fühle mich sehr wohl, bin positiv eingestellt, ich behaupte, dass ist wirklich die einzige und beste Methode, um abzunehmen und sich trotz allem sehr wohl zu fühlen, ohne Sie hätte ich es nie geschafft, vielen Dank, meine Lebensfreude ist zurück!!!

- Habe viel mehr Energie und Ausdauer, bin während des Kurses zur Nichtraucherin geworden.

- Super! Keine Allergien mehr, keine Magenprobleme mehr, habe mir fest vorgenommen, für den Rest meines Lebens weiter so zu leben, nach Ihrer Anleitung.

- Ich fühle mich so wohl und fit wie nie zuvor, Bauchbeschwerden, Migräne sind vorbei, ich fühle mich jünger, aktiver, ich finde mich hübscher, da meine Haut straffer und glatter ist.

- Super gut! Zucker normal.

- Keine Schmerzen mehr in den Füßen, hohe Vitalität, Harnsäurewert im Normbereich, Brot esse ich weniger, nur noch an von mir ausgewählten Tagen. Alternatives esse ich jetzt mit Bewusstsein.

- Ich fühle mich sehr gut. Der Kurs war ein voller Erfolg.

- Ich fühle mich gut. Die Entschlackung war deutlich zu spüren. Ich freue mich, dass ich meine innere Stimme gefühlt und auf sie gehört habe, dass diese Kurse gut für mich sind.

- Sehr gute Zufriedenheit (allgemein), keine Kopfschmerzen mehr, kein Sodbrennen mehr. Man isst Dinge gerne, die man vorher überhaupt nicht mochte (Obst und Gemüse), und kann sehr gut auf liebgewordene Gewohnheiten verzichten (Schokolade, Knabbersachen).

- Sehr gut!!! Nehme keine Blutdrucktabletten mehr.

- Ich fühle mich ganz fit. Kann mich besser bewegen. Habe bessere Laune. Es geht einem einfach besser. Meine Blutdruckwerte sind super. Die Harnsäure hat sich gesenkt. Bin froh, dass ich den Kursus besucht habe. Mir hat er viel gebracht. Sie haben das auch ganz toll rübergebracht. Habe mich auf jede Stunde gefreut. Werde auch noch mal einen besuchen. Habe schon viele Freundinnen und meine Tochter mitgebracht.

- Ich fühle mich fitter, leistungsfähiger, nicht mehr so müde, Gelenkschmerzen lassen nach, keine Magen- und Gallenprobleme mehr, es war mit eine große Bereicherung, ich bin sehr motiviert weiterzumachen.

- Fühle mich einfach sehr gut. Ich habe noch nie so leicht und so schnell wie mit dieser Ernährung abgenommen.

- Absolut beschwerdefrei, aktiv, nervenstärker, bessere Einstellung zum Leben, meine Tochter hatte starke Cellulitis, erhöhten Blutdruck (Beta-Blocker), hat fast zwei Kleidergrößen reduziert und die Beta-Blocker-Einnahme halbiert.

- Ich fühle mich so gut wie lange nicht mehr.

- Ich fühle mich wohler. Mein Selbstwertgefühl ist enorm gesteigert, schon durch den Kurs vom letzten Jahr, und man denkt auch mal an sich selbst.

- Ich kann besser laufen, und das Wasser im Knie ist auch nicht mehr so schlimm, komme ohne Medikamente klar. Ich freue mich, dass ich nicht mehr so schlimme Schmerzen habe. Ich kann wieder einigermaßen laufen und mich bewegen.

Adressen von Menschen, die Ihnen bei diversen Erkrankungen weitere Hilfestellungen geben können:

Stephan Dallay
Birkenweg 16
74369 Löchgau
Telefon (07 14) 32 87 04

Liebe Leserin, lieber Leser, mit Delfintherapien kann man die eigene Heilkraftaktivierung bis zur vollständigen Heilung ermöglichen. Besonders auch bei Kindern hat sie eine sinnvolle und oft heilende Wirkung und Unterstützung.
Diese wunderschöne Therapie kann Ihnen Stephan Dallay vermitteln.
Weiterhin kann er Ihnen durch seine spirituelle Entwicklung zusätzliche Heilungsmöglichkeiten anbieten.

Vortrags- und Seminartermine können unter **www.dallay-Energie.de** abgerufen werden.

Andreas Kiehne
Holsten 29
49577 Ankum/Holsten

Ein Heilpraktiker und Kinesiologe der besonderen Art mit einer Praxis auf dem Lande in eigener Idylle.
Er arbeitet konsequent mit deutlich esoterisch, spirituellem Hintergrund. Herr Kiehne eignet sich durch Seminarbesuche immer neue und verbesserte Techniken an, um auf diesem Wege Hilfesuchenden helfen zu können. Auf einer Weise, die Selbstheilungskräfte, aber auch die Selbstver-

antwortung des Einzelnen zu aktivieren und freizusetzen. Herr Kiehne findet auch in kniffligen Situationen einen Weg in der breit gefächerten Palette der alternativen Behandlungsmethoden, der in dem individuellen Fall passend ist. Auf seinem Arbeitsplan stehen zusätzlich noch eigene Vorträge und Seminare. Seit neuester Zeit auch kinesiologische Ausbildungen.

Naturheilpraxis
Eberhard Waldschmidt, Heilpraktiker
Rheinhausener Str. 32
79336 Herbolzheim
Telefon (0 76 43) 84 84

Ich besitze seit 1984 eine eigene Vollzeitpraxis für Naturheilkunde mit den Schwerpunkten:

Ernährungstherapie, insbesonders Stoffwechsel-, Blutgruppen- und typgerechte Beratung unter besonderer Beachtung der Rohkostanwendung, auch unter Anwendung von kinesiologischen Testmethoden.

Allergietestung und Allergiebehandlung, insbesonders auch Lebensmittelallergien und Umweltallergien.

Kinesiologische Austestung und Behandlung

Akupunktur

Homöopathie und Pflanzenheilkunde

Eigenharn- und Eigenbluttherapie

In fast nunmehr 2 Jahrzehnten bin ich in meiner Praxis zu einem überzeugten Eigenharntherapeuten geworden, zunächst durch die Überlieferung von altem Wissen (ich bin auf dem Land aufgewachsen, wo Urin schon immer bei Mensch, Tier, im täglichen Leben und in der Technik angewandt wurde), aber schließlich auch durch die Behandlungserfolge in der Praxis.
Daher möchte ich in ein paar kurzen Beispielen die Vielfalt der Eigenharntherapie aufzeigen.

Anwendung von Urin in der Naturheilpraxis.

Anwendung der Eigenharntherapie in der Naturheilpraxis, insbesonders bei
- Allergien
- Schwangerschaftserbrechen
- Wundbehandlung
- Eingekochter Urin

Allergien:
Die Allergien können sich durch eine ganz unterschiedliche Symptomatik, lokal, am ganzen Körper, sofort oder später zeigen. Hierbei werden dann im Gewebe biogene Amine, Histamin und verschiedene Enzyme und Entzündungskörper ausgeschüttet.
Die Gefäßwände quellen auf und werden durchlässig. Eiweißkörper treten in das umliegende Gewebe.
Es bilden sich Ödeme, Atemnot, Asthma, Magen-Darm-Störungen, laufende Nase, tränende Augen, entzündete Schleimhäute, Muskel- und Gelenkschmerzen und vielerlei weitere Beschwerden.
Ein ganz probates Mittel ist hier die Anwendung von Eigenurin in seinen verschiedenen Darreichungsformen, durch den Patienten selbst oder durch den Therapeuten in der Praxis.

Äußerlich:
Durch Einreiben, Auflagen, Spülungen und als Salbenverband (20% Urin in eine neutrale Basissalbe, z. B.: Asche-Basissalbe oder Lanolinsalbe), durch Bedampfen mit kochendem Urin (Gesichtsdampfbad bei Beschwerden im gesamten Hals- und Nasenbereich), durch Voll- und Teilbäder.

Innerlich:
Hier hat sich insbesondere der Urineinlauf bewährt, sowohl als Bleibeklistier von 5 bis 50 ml (auch besonders bei Kleinkindern mit einer Menge von 1 bis 5 ml) als auch der normale Einlauf mit bis zu 500 ml Urin oder als Bleibeklistier mit 10 ml. Auch die Anwendung als Sturztrunk mit einer Menge von 1–2 Gläsern auf leeren Magen, damit der Urin möglichst schnell die Darmschleimhaut erreicht, ist oftmals von großer Wirkung.

Als Injektion:
0,5 bis 2 ml nach erfolgter Sterilisation subkutan.
Als besonders wirksam hat sich die subkutane Injektion bei Heuschnupfen gezeigt, wobei in der Regel 3 bis 5 Injektionen ausreichen, um den Patienten für die laufende Saison von seinem Leiden zu befreien.
Bei Allergien wirkt die Eigenurintherapie besonders gut, wenn der Patient sich 2 bis 3 Stunden vor der Anwendung den Allergien aussetzt, da sich dann besonders viel Antikörper im Blut befinden.

Schwangerschaftserbrechen:
Bedingt durch die enorme Stoffwechselumstellung im Körper der Frau bei einer Schwangerschaft, kommt es bei vielen Frauen zu einer starken morgendlichen Übelkeit und damit oftmals zum Auslösen eines mehr oder minder starken Schwangerschaftserbrechen.
Gerade hierbei bietet die Urintherapie vielfältige Einsatz-

möglichkeiten und eine absolut sichere Hilfe an.
Zu Hause kann sich die Patientin Basiseinreibungen, kleine Bleibeklistiere machen oder morgens 2 bis 3 Esslöffel Urin auf ein Glas Wasser einnehmen.
Durch diese Maßnahmen wird oft schon ein ganz erheblicher Teil der Beschwerden gemildert.
Als ganz besonders wirksam hat sich beim Schwangerschaftserbrechen allerdings die subkutane Injektion bewährt.
Dazu wird etwas Morgenurin in geeigneter Weise sterilisiert, mit einem geeigneten homöopathischen Mittel verdünnt und in einer Menge von 0,5 bis 2 ml subkutan am Unterarm injiziert.
Wird die Methode sachgerecht ausgeführt, so ist oftmals schon nach der ersten Injektion eine Beschwerdefreiheit erreicht, womit der werdenden Mutter sehr geholfen wird.

Wundbehandlung:
Auch die Wundbehandlung ist eine Domäne der Urintherapie, so wie beim Menschen als auch beim Tier.
Die erste Hilfe bei einer frischen Wunde besteht aus einem gründlichen Ausspülen der frischen Wunde mit frischem, körperwarmen Urin, wobei sich diese Methode besonders bei großflächigen Schürfwunden (wie sie zum Beispiel auf einem Tennishartplatz entstehen können) bewährt hat.
Durch das sofortige Ausspülen mit frischem Urin wird die Wunde von anhaftenden Fremdkörpern gereinigt, die Wundgranulation wird angeregt und die Wunde kann gut heilen.
Bewährt hat sich außerdem ein Salbenverband mit einer 20%igen Urinsalbe, wodurch sich außerordentlich schnell eine neue zarte Haut bildet.
Bei tieferen Stich- und Schnittwunden sollte die Wunde erst gut ausbluten, ehe sie mit frischem Urin gespült wird, und dann sachgerecht weiter versorgt wird.

Nach der Wundversorgung kann dann eventuell noch eine Kompresse mit frischem Urin oder einer Urinsalbe aufgelegt werden.
In der Praxis hat sich nun gezeigt, dass frische tiefe Stich- und Schnittwunden nicht schon bei der Erstversorgung mit altem Urin behandelt werden dürfen, da sich dadurch die Wunde stark mit anaeroben Bakterien infizieren kann, die in der abgeschlossenen tiefen Wundhöhle dann optimale Bedingungen vorfinden können und die Wunde dann dermaßen verübeln können, dass ein chirurgisches Ausschneiden der Wunde und eine anschließende hoch dosierte antibiotische Behandlung notwendig ist. Der alte Urin ist vor allem für schlecht heilende oberflächliche Wunden, und auch für ältere sehr schlecht heilende tiefere Wunden, ohne von der Außenwelt abgeschlossenen Wundhöhlen, geeignet.
Hier bietet sich vor allem der Symptomkomplex des offenen Fußes, offene Geschwüre und dergleichen an.
Auch der geschlossene Abzess oder Furunkel kann zur Eröffnung mit heißem, altem Urin behandelt werden, nach der Eröffnung dann mit kalten Kompressen, die mit altem Urin getränkt sind.
Bei diesen eben genannten Wunden bringt die Behandlung mit altem Urin oftmals erstaunlich schnelle Heilerfolge.

Eingekochter Urin: (im Westen besonders bekannt durch den Russen Malachow)
Der eingekochte Urin ist nun etwas ganz Besonderes, mit dem man dann auch oft noch Heilerfolge verzeichnen kann, wenn alle anderen Urintherapien versagen.
Die Methode des Einkochens und die Anwendung von eingekochtem Urin ist schon in alten indischen Schriften erwähnt.
Zum Einkochen sollte ein Emailtopf, Glasgefäß oder ein Topf aus Glaskeramik verwendet werden.

Ideal ist ein Pyroflammtopf aus Glaskeramik, in dem der Urin auf einer offenen Flamme eingekocht wird.
Hierzu kann zum Beispiel ein Gascampingkocher verwendet werden. Das Einkochen auf dem Elektroherd ist aus energetischer Sicht ungünstig und sollte vermieden werden.
Soll der eingekochte Urin nur äußerlich verwendet werden, ist die Verwendung eines Kupfertopfes optimal, dieser Urin ist dann besonders für Energiemassagen geeignet.
Der Urin wird in dem Topf auf kleiner Flamme auf etwa $^1/_4$ seiner Menge eingekocht und sollte alsbald nach seiner Abkühlung verwendet werden.
Innerlich entfaltet der eingekochte Urin eine stark entgiftende Wirkung und wirkt sehr stark antiparasitär.
Die Dosis sollte am ersten Tag 2 bis 3 Esslöffel als Einzeldosis auf nüchternem Magen nicht übersteigen.
Schon bald nach der Einnahme wird sich in der Regel ein starker Harndrang einstellen, der durch die beginnende Ausscheidung von Stoffwechselprodukten oftmals einen starken Geruch und eine dunkle Färbung aufweist.
Auch der in der Regel bald einsetzende Stuhlgang ist oftmals besonders übel riechend.
Falls der Patient unter Darmparasiten leidet, findet man oft schon im Stuhlgang einen verstärkten Abgang von Madenwürmern.
Die Anwendungen sind dann so lange täglich einmal fortzusetzen, bis keine Parasiten mehr abgehen.
Auch bei hartnäckigem Darmpilz kann mit dem eingekochten Urin oftmals überraschend schnell geholfen werden.
Labortechnisch sieht man bei einer inneren Anwendung von eingekochtem Urin schon sehr bald bessere Leber- und Nierenwerte.
Auch bei chronischer Bronchitis ist die Einnahme von großer Hilfe.
Äußerlich ist die Anwendung vor allem bei alten jauchen-

den, schlecht heilenden Wunden von großem Erfolg gekennzeichnet, wobei aber gesagt werden muss, dass am Anfang oftmals ein starker Wundschmerz durch den hypertonen Urin auftreten kann.
Die Wunden werden jedoch rasch von dem Eiter befreit, und die Granulation und Heilung setzt ein.
Eine besondere Wirkung zeigt der eingekochte Urin bei der Anwendung am Auge, vor allem Gerstenkörner und eitrige Lidrandentzündungen sprechen sehr gut auf das Auftragen von warmem, eingekochten Urin an.
Es sollte jedoch darauf geachtet werden, dass eingekochter Urin nur am Augenrand angewendet wird, da er, direkt ins Auge gebracht, einen Brennschmerz hervorruft.
Ebenso ist der eingekochte Urin als Einlauf geeignet.
Als Bleibeklistier in der Menge von 1 bis 2 ml und als normales Klistier in einer Menge von bis zu 300 ml.
Auch hierbei ist eine stark entgiftende und antiparasitäre Wirkung zu beobachten.
So lässt sich zum Abschluss sagen, dass der eingekochte Urin fast überall da eingesetzt werden kann, wo auch der normale Urin eingesetzt wird, er jedoch eine wesentlich stärkere Wirkung zeigt, und auch die Heilkrisen wesentlich stärker ausfallen.
Ebenso bedarf die innere Anwendung oftmals eine wesentlich stärkere Überwindung.
Er ist vor allem da einzusetzen, wo eine schnelle und starke Wirkung benötigt wird, oder wenn die normale Urintherapie nicht die nötige Wirkung zeigt.

Selbsthilfegruppen und weitere Ansprechpartner an Heilpraktikern und Ärzten finden Sie unter:

www.harntherapie.de

www.urintherapie.com

Kontakt können Sie auch unter der E-Mail-Adresse:

G-Jilg@t-online.de aufnehmen.

Seminarangebote

Mit meinen Wochen-, Wochenend-Seminaren, Vorträgen und Heilfastenwanderungen möchte ich Sie zu diesem Buch sehr gerne begleiten und Ihnen helfen, das Gelesene immer mehr in Ihrem Leben zu praktizieren. Bei diesen Treffen können Sie mir Ihre persönlichen Fragen stellen.

In diesem Sinne biete ich Ihnen Folgendes an:

Ganzheitliches, individuelles Heilfastenwandern

- Entlastungstag
- Mentale Vorbereitung
- Individuelles Vorgespräch
- Rohkostheilfasten
- Säfteheilfasten
- Wasserheilfasten
- Urintherapie-Beratung
- Entspannungs- und Atemübungen
- Meditation
- gemeinsames Fastenbrechen

Das Heilfastenwandern findet in der Eifel und in Spanien statt.

Termine und die Seminargebühren sind abzurufen unter: **www.cp-heilfasten.de.**

Vorträge

zur ganzheitlichen, individuellen Ernährungsberatung und Beantwortung Ihrer persönlichen Fragen als Ergänzung zu diesem Buch

Spezielle Vorträge und Seminare

- **Diabetes**
- **Neurodermitis**
- **Heuschnupfen**
- **Rheuma**
- **Magen-Darm-Beschwerden**
- **Sodbrennen**
- **Lebensmittel-Unverträglichkeit**
- **positive Lebensführung und Denkweise**
- **Urintherapie**
  - **Bei welchen Beschwerden ist sie hilfreich?**
  - **Wie wende ich sie an?**
- **Energiezentren (Chakren)**

  Sie fühlen sich unwohl, haben Ängste, sind seelisch aus dem Gleichgewicht geworfen und haben unerklärliche Beschwerden? Dann könnten Ihre Energiezentren (Chakren) blockiert sein.

Termine und die Seminargebühren sind abzurufen unter

www.cp-gesundheit.de
www.cp-gewichtsreduktion.de
www.cp-ernährung.de
www.cp-chakren.de

Liebe Leserin und lieber Leser,

verbünden Sie sich in Ihrem Ort oder Ihrer Stadt mit Gleichgesinnten.

Vereinbaren Sie per Annonce oder an Info-Tafeln einen Termin zum gemeinsamen, regelmäßigen Einkauf in Bio-, Reformhausgeschäften oder auf Biobauernhöfen.

So haben Sie die Möglichkeit, durch diesen regelmäßigen Großeinkauf, einen guten Preisnachlass auszuhandeln.

Viel Erfolg!

Bezugsquellen zusammengefasst:

ALDI:
Natives Olivenöl
Kaisergemüse
Brie-Käse, 60 %
Fruchtsäfte, 100 %

LIDL:
Natives Olivenöl
Olivenöl, nativ extra von Lafer
getrocknete Kräuter
Brie-Käse, 60 %
Fruchtsäfte, 100 %

Schlecker:
Kristall-Deo-Stift
Hohes C

Supermärkte:
Dijon-Senf
Löwensenf
Orig. Französischer Dijon-Senf, körnig von Kochs
Olivenöl der Fa. Gut & Gerne
Gefrorene diverse Kräuter, Kräutermischungen, „Italienische Kräutermischung“, Salatkräuter von der Fa. IGLO
Hohes C

Biogeschäfte:
Obst
Gemüse
Zuckermais von der Fa. Schweizer GmbH, D-70794 Filderstadt

Dinkelbrot, 100 %
Reiswaffeln von der Fa. Davert-Mühle,
Rainer Welke GmbH, D-48308 Senden
Dinkel- und Hirsenudeln
Naturreis
Knödel von der Fa. Bruno Fischer
Kartoffelpuffer von der Fa. Bruno Fischer
Johannisbrotkernmehl
Gewürze
Butter
Ungeschwefelte, getrocknete Früchte
Ungeröstete Nüsse
Plose Wasser
Mont-Rouscous Wasser
Rooibostee
Acerola-Vitamin-C-Saft von der Fa. Völkel GmbH,
D-29478 Höhbeck
Artischockensaft von der Fa. Schoenenberger,
D-71106 Magstadt
Original Silicea-Kieselgel von der Fa. Anton Hübner
GmbH & Co. KG, D-79238 Ehrenkirchen
Zahnpasta von WELEDA
Salzstein
Spirulina-Algen von der Fa. Green Valley, D-13359 Berlin,
Tel. 0 30/4 93 50 55, Fax 0 30/4 93 50 56

Reformhäuser:
Trockenfrüchte
Reiswaffeln von der Fa. Quickortel Berg
Chips von der Fa. Liebhart's Gesundkost GmbH & Co. KG,
D-32758 Detmold
Frugola-Gemüsebrühe ohne Hefe
Acerola-Vitamin-C-Saft von der Fa. Schoenenberger

Artischockensaft von der Fa. Schoenenberger,
D-71106 Magstadt
Rabenhorst-Säfte
Rooibostee
Original Silicea-Kieselgel von der Fa. Anton Hübner
GmbH & Co. KG, D-79238 Ehrenkirchen
Zahnpasta von WELEDA

Apotheken:
Rescue-Tropfen
DHU-Tropfen, 76227 Karlsruhe
Quentakehl D5
Rabenhorst-Säfte, div.
Artischockensaft
Asche-Basis-Creme

Linden-Apotheke, Nordhorn, Herr Sprinkmeyer
Tel. 8 84 90, Fax 8 84 99, www.linden.apo.de
linden-apo@t-online.de:
Vitamin E mit Olivenöl

Teeläden:
Rooibostee

Buchhandlungen:
Bücherliste inkl. Kassettenprogramm
von Dr. med Hans Grünn

EVIVA-Versand
www.EVIVA.org
Berberitzenbeeren
Spirulina-Algen

Stichwortverzeichnis

A

Abendessen	34
Ängste	17, 150, 163, 170
Affirmationen	135, 153, 159, 171
Alkohol	85, 190
Allergien	16, 24, 35, 44, 95, 96, 114
	216, 217, 219, 222, 223
Arthrose	13, 97
Artischocke	50
Asche-Basis-Creme	176, 195
Asthma	13, 95, 164
Atemübungen	147, 167
Aufschnitt	212
Aura	177
Ausscheidungsphase	22

B

Bachblüten	17, 172
Bewegung	189
Blähungen	17, 61
Blase	18
Blasenentzündungen	182
Blutdruckschwankungen	16
Blutdruckwerte	14, 35, 57, 149, 164
	215, 218, 220
Bratwurst	212
Buchempfehlung	206, 207
Bulimie	13, 171

C

Chakren	171, 172
Cellulitis	13, 19, 188, 215

D

Darm	21, 22
Darmspülung	66
Darmzotten	18

Deo-Kristall 178
Depressionen 98, 114, 150, 216
Diabetiker 12, 40, 41, 74, 92, 97, 230
Divertikel 14, 97, 165
Durchfall 18

E

Energiezentren 151, 171, 230
Entgiftung 23, 58, 176
Entspannungsübungen 147
Erdstrahlen 191, 197
Erstverschlimmerungsphase 100
Esssüchte 21, 171

F

Fettschürzen 14
Fettverbrennung 23, 25, 28, 213
Fibromyalgie 13, 97, 165, 166, 171, 216
Frösteln 16, 175
Frühstück 23, 58

G

Gelenkschmerzen 13, 16, 97, 166, 175, 189
Geschmacksnerven 13, 29, 166, 187
Gemüsesoße 33, 47
Gewichtszunahme 26, 162
Gicht 13, 97, 189
Giftstoffe 22, 25, 27, 29, 30, 66, 69, 86, 94 162, 168, 170, 175, 176, 213
Grillwurst 212

H

Halsschmerzen 181
Hautunreinheiten 16
Heuschnupfen 13, 165, 182, 216, 230
Himalaja-Salz 58
Homöopathisches Penicillin – Quentakehl D5 196
Hormone 43, 164
Hungergefühl 23

K

Kalzium 83
Kieselgel 179

Kleidergröße 20, 161
Knäcke 213
Kondition 14
Kopfschmerzen 16, 35, 96, 167, 175, 189, 191, 216, 218, 219
Kosmetik 176
Krebs 14, 21, 98, 115, 171
Kreislaufbeschwerden 17, 57, 196, 218
Kribbeln 16

L

Lichtenergie 155, 168

M

Magen-Darm-Beschwerden 14, 24, 82, 97, 120, 149, 167, 216, 219, 230
Mandelentzündung 12, 96
Meditation 150
Meersalz 212
Migräne 17, 96, 189, 216, 219
Mittagessen 31
Mittelohrentzündung 96
Monatsbeschwerden 59, 113, 147
Müdigkeit 16, 116
Mundgeruch 16
Muskelaufbau 20

N

Natrium-Chloratum D6 75, 94, 166
Nervosität 17
Neurodermitis 13, 95, 114, 164, 167, 181, 230
Nikotinsucht 13
Notfalltropfen – Rescue-Tropfen 17, 57, 196

O

Obst 27, 49, 69
Ohnmachtsgefühl 17
Osteoporose 97

P

Penicillin, homöopathisch – Quentakehl D5 196
Prüfungsangst 17

Q

Quentakehl 196

R

Rescue-Tropfen 17, 57, 196
Rezepte 51, 87, 106, 125, 140, 198
Rheuma 13, 16, 97, 114, 165, 166, 189, 230
Rooibostee 67
Rosenquarz 191
Rückenschmerzen 13, 189, 191

S

Salatsoße 32, 47
Salz 165, 166, 177, 184
Salzabreibungen 177
Salzstein 93
Schichtdienstler 44, 115
Schilddrüse 13, 42, 60, 74, 164
Schlafstörungen 17, 52, 66, 191
Schock 17
Schuppenflechte 13, 96, 164, 181
Schwangerschaft 44, 224
Sodbrennen 12, 27, 216, 217, 218, 219, 230
Sonne 191
Sportler 14
Stoffwechsel 17, 18, 23, 27, 35, 40, 57
58, 61, 67, 81, 91, 92, 175
184, 185, 213, 222, 224, 227
Strafferes Gewebe 13
Stuhlgang, weicher 16

T

Tagesmüdigkeit 14, 27, 116, 164
Tierhaarallergie 13

U

Übelkeit 16
Unterbewusstsein 134, 135, 147, 151,152
153,155, 158, 170
Urin 100, 167, 173, 175, 176, 177, 178
181, 209, 210, 217, 223, 224, 225
226, 227, 228, 229, 230
Urintherapie 64, 65, 100, 115, 181

V

Vegetable Früchte 68
Verdauung 21, 62, 65, 66, 92, 218
Verspannungen 17, 66, 189, 196
Vitamin C 178, 185
Vitamin E 179, 186
Völlegefühl 16, 61

W

Waage 19, 20, 91, 147
Wasseradern 191
Wassereinlagerungen 13, 19, 62, 92, 165, 166
Wasserhaushalt 19, 35, 75, 187, 213
Wechseljahresbeschwerden 14, 216
Weißbrot 213
Weißfluss 97

Z

Zahnpasta 17, 176
Zellwasser 188, 189
Zwischenmahlzeit 175
Zyklusschwankungen 16, 59, 113, 147

Liebe Leserin und lieber Leser,

meine Beweggründe, Ihnen diese Buch zu schreiben, sind, dass ich Sie sowie alle Menschen gerne gesund und froh gelaunt sehe.

Dadurch kann ich noch mehr Menschen erreichen als mit meinen Seminaren.

Außerdem werde ich durch den Erlös auch auf andere Weise helfen.
Indem ich den göttlichen Anteil von 10 Prozent an verschiedene Organisationen weitergebe, wird somit erkrankten und behinderten Menschen direkt geholfen.

Als erstes unterstütze ich das Projekt

„gemeinsam leben und wohnen“ e. V.

Integrativer Lebensraum für Menschen mit Behinderung

Hof Blekker
Uelsen
(Grafschaft Bentheim)

Homepage-Internet:

**http://members.xoom.com/juergen_list/
gemeinsam_leben/**
e-mail: list@eure.de